HISTOIRE

DES

EXPOSITIONS

INDUSTRIELLES

(Depuis 1798 jusqu'à nos jours)

SUIVIE DE

L'HISTOIRE ABRÉGÉE DE L'INDUSTRIE

Branche par branche

> « L'Industrie est fille de l'invention et
> « sœur du génie; si la main exécute,
> « l'imagination invente, et la raison per-
> « fectionne.
>
> François de NEUFCHATEAU

D. VERVYNCK ET E. DUBOIS

1867

PRÉFACE

Ce livre est divisé en deux parties :

La première est l'histoire, aussi étendue que possible, de cette institution dont l'influence sur notre industrie est si bienfaisante, et à laquelle nous devons d'être le premier des peuples industriels.

La seconde est l'histoire abrégée de l'industrie, branche par branche, et notre but a été, dans cette deuxième partie, d'ajouter à l'intérêt que présente notre Exposition actuelle, en fournissant aux visiteurs, qui parcourront le Palais du Champ-de-Mars, notre livre à la main, le moyen de s'instruire en satisfaisant leur louable curiosité.

Chaque notice historique des branches de l'industrie, part des temps les plus reculés ; nous racontons un à un les progrès successifs, nous citons les inventeurs, leurs imitateurs de toutes les époques, nous détaillons la fabrication de tous les produits, et dans un aperçu succinct des dernières Expositions nationales et universelles, nous nommons ceux de nos contemporains, inventeurs, savants ou manufacturiers et même obscurs artisans, qui se sont distingués par leur intelligence et par les innovations dont ils ont doté l'industrie, la première richesse, la plus grande gloire des nations civilisées.

A côté de ces noms, déjà entourés de la reconnaissance publique, nous aurons à inscrire ceux des industriels qui, prenant part au concours actuel, le plus grand, le plus universel qu'on ait eu jusqu'à présent, ont droit à l'admiration et à la même reconnaissance.

Cette addition fera l'objet d'un deuxième volume de l'*Histoire des Expositions*.

PREMIÈRE PARTIE

HISTOIRE DES EXPOSITIONS

INTRODUCTION

Encourager les arts, protéger l'industrie et l'agriculture, propager le commerce, sont autant de devoirs que les souverains ont trop longtemps négligés ; aussi, quelle que soit la richesse naturelle d'une nation, quel que fertile que soit son sol, son état de pauvreté est la conséquence inévitable de son peu de commerce, de la pénurie de son industrie et de son agriculture grossière.

Si parfois, au temps heureusement bien loin derrière nous, où l'ignorance s'alliait à la noblesse, apparaissait comme un phare dans la brume, un homme apportant une idée civilisatrice, une œuvre de génie, ou une production féconde, cette ignorance éblouie, mais non éclairée, était l'écueil fatal où venait échouer cette intelligence isolée ; et, chose plus honteuse encore à rappeler, il fallait voiler sa pensée, céler son œuvre, renoncer à toute ambition, quelque louable qu'elle fût, sous peine d'encourir les persécutions les plus acharnées. Que de penseurs incompris, que d'inventeurs méconnus, que d'hommes enfin victimes de leurs inspirations !

L'imagination ne peut que s'attrister en pensant aux vains efforts, aux développements pénibles de l'humanité pendant ces périodes ingrates ; « mais ils ne sont » plus ces temps malheureux où l'industrie enchaînée » osait à peine produire le fruit de ses méditations et » de ses recherches, où des règlements désastreux, des » corporations privilégiées, des entraves fiscales étouf- » faient les germes précieux du génie ; où les arts,

» devenus en même temps les instruments et les vic-
» times du despotisme, lui aidaient à appesantir son
» joug sur tous les citoyens, et ne parvenaient au succès
» que par la flatterie, la corruption et les humiliations
» d'une honteuse servitude. »

L'espérance renaît lorsque, reportant un regard sur les nouvelles œuvres intellectuelles, sur les récentes découvertes scientifiques et industrielles, on juge de l'importance, de la grandeur de notre époque qui s'est donnée pour mission la civilisation du monde entier, en encourageant les arts et les sciences, en protégeant l'industrie et le commerce, en stimulant également le laboureur, l'inventeur, le manufacturier et l'artisan qui peuvent, sous l'égide de la liberté, produire sans crainte et faire apprécier ce que chacun d'eux, dans sa combinaison et ses essais, a imaginé et fait naître de neuf et d'utile, qui peuvent aussi prétendre par là aux jouissances que donne la renommée, et aux avantages solides de la fortune, ou au moins de l'aisance.

C'est à la République, qui apporta avec elle cette liberté si indispensable au développement de toutes les sources de richesse d'un pays, qu'il appartenait de créer une institution tutélaire.

Notre industrie était restreinte, les procédés étaient primitifs, les moyens mécaniques étaient peu répandus; les quelques rares industriels qui les mettaient en usage en étaient les inventeurs et en gardaient le secret; quelques-uns faisaient à leur fabrication l'application de systèmes économiques incomplets, pendant que d'autres, encore moins favorisés, restaient stationnaires dans l'emploi des moyens routiniers.

Il en résultait que les produits avaient une valeur bien au-dessus de leur mérite ; néanmoins cette valeur était positive puisqu'elle était dépendante d'un prix de revient dont l'excessivité avait pour cause les sacrifices onéreux que les fabricants s'imposaient.

A quoi était attribuable cette anomalie ? A quoi devait-on son maintien ? Au défaut de concurrence, préjudiciable non-seulement au producteur mais aussi au consommateur, car un des avantages rationnels de la concurrence, c'est la possibilité acquise à celui-ci de se pourvoir des meilleurs produits à un prix relativement bas.

Il ne faut pas entendre cette concurrence décourageante, synonyme d'intrigue, qui élève l'un au détriment de l'autre, mais celle qu'on peut appeler émulation, sentiment noble sous l'empire duquel tous les industriels, tous les fabricants n'ont qu'une seule ambition, ne poursuivent qu'un même but ; tirer, non dans leur intérêt privé, mais dans l'intérêt commun, un meilleur parti des matières-premières qu'ils ont à leur disposition, découvrir des moyens de fabrication de plus en plus économiques, en un mot augmenter la valeur de leurs produits en réduisant ou sans augmenter leur prix,

Par l'émulation, on obtiendra l'abondance des matières de première qualité, des produits livrables à la consommation la plus répandue, et une réduction constante du prix de vente ; et pour nous faire jouir de ces avantages réunis, il n'y avait qu'un moyen :

L'Exposition périodique des produits de l'industrie.

HISTOIRE

DES

EXPOSITIONS NATIONALES

ET UNIVERSELLES

DES

PRODUITS DE L'INDUSTRIE FRANÇAISE

Depuis 1798, (an VI.)

—

1798

L'Assemblée constituante ayant, en **1791**, aboli le privilége dont jouissaient les membres de l'Académie des Beaux-Arts, qui, seuls, depuis 1673, exposaient leurs œuvres de peinture et de sculpture, le directoire, en 1798 (an VI), sur la proposition de François de Neufchateau, ministre de l'intérieur, institua l'*Exposition périodique des produits de l'industrie*.

La première eut lieu cette même même année, au Champ-de Mars le jour de l'anniversaire de la fête de la République.

Tous les industriels furent appelés à y prendre part par une circulaire en date du 11 fructidor an VI (28 août 1798),

adressée par François de Neufchateau aux administrations
centrales des départements ; elle était ainsi conçue :

« Citoyens,

» Au moment où l'anniversaire de la fondation de la Ré-
» publique, embellissant nos fêtes nationales des plus glo-
» rieux souvenirs, va rappeler à tous les Français, et les
» grands événements qui la préparent, et les triomphes qui
» l'ont affermie, pourrions-nous oublier dans les témoi-
» gnages de notre reconnaissance, les arts utiles qui contri-
» buent si puissamment à sa prospérité !

» Ces arts qui nourrissent l'homme, qui fournissent à
» tous ses besoins, et qui ajoutent à ses facultés naturelles,
» par l'invention et l'emploi des machines, sont à la fois le
» lien de la société, l'âme de l'agriculture et du commerce,
» et la source la plus féconde de nos jouissances et de nos
» richesses. Ils ont été si souvent oubliés, et même sou-
» vent avilis ! la liberté doit les venger.

» La France républicaine est devenue l'asile des beaux-
» arts, et, grâce au génie de nos artistes et aux conquêtes
» de nos guerriers, c'est désormais dans nos musées que
» l'Europe viendra en prendre des leçons. La liberté ap-
» pelle également les arts utiles en allumant le flambeau
» d'une émulation inconnue sous le despotisme, et nous
» offre aussi les moyens de surpasser nos rivaux et de
» vaincre nos ennemis.

» Le gouvernement doit donc couvrir les arts utiles d'une
» protection particulière, et c'est dans ces vues qu'il a cru
» devoir lier à la fête du 1er vendémiaire un spectacle d'un
» genre nouveau : l'*Exposition publique des produits de
» l'industrie française*.

» Il eût été à désirer, sans doute, que le temps eût per-
» mis de donner à cette solennité, vraiment nationale, une
» étendue et un éclat dignes de la grandeur de la Répu-
» blique ; mais le gouvernement connaît le zèle des fabri-

» cants industrieux qui honorent leur pays. Il espère qu'ils
» s'empresseront de concourir à l'embellisement de la fête
» qu'il a conçue. Cette fête se renouvellera toutes les
» années Toutes les années elle doit acquérir plus d'en-
» semble et plus de majesté.

» Un emplacement décoré, sûr et abrité, fourni par le
» gouvernement, recevra les fabricants français et les pro-
» duits de leur industrie qu'ils voudront y exposer à l'es-
» time et à la vente, qui ne peut manquer d'en être la
» suite.

» L'Exposition aura pour époque et pour durée les cinq
» jours complémentaires. Un jury, nommé par le gouver-
» nement, parcourra les places attribuées à chaque in-
» dustrie, et choisira, le cinquième jour, les douze fabri-
» cants ou manufacturiers qui lui auront paru mériter d'être
» offerts à la reconnaissance publique dans la fête du
» 1er vendémiaire.

» Le local sera indiqué par le programme de cette fête.
» Je n'ai pas besoin de vous assurer que le gouvernement
» veillera d'une manière spéciale à la sûreté des personnes
» et des propriétés ; mais je dois ajouter que son intention
» est de contribuer par tous les moyens possibles à l'em-
» bellissement du tableau varié que présentera cette réu-
» nion de nos richesses industrielles.

» Il faut que le peuple français reçoive une juste idée de
» sa dignité, et qu'il soit le témoin de la considération at-
» tachée aux arts utiles, à ces arts, dont l'exercice fait son
» occupation, et doit faire son bonheur.

» Les conditions exigées des Français industrieux, pour
» être admis à cette espèce de concours, se réduisent aux
» suivants :

» 1° Justifier de leur qualité par la présentation de leur
» patente ;

» 2° N'exposer en vente que les produits de leur in-
» dustrie.

» Sous ces conditions , tout manufacturier ou fabricant
» français, qui se fera inscrire avant le 26 fructidor, dans
» les bureaux de la quatrième division du ministère de l'in-
» térieur, sera admis à l'Exposition, et obtiendra un local
» gratuit pour le temps de sa durée.

» Il aura l'attention d'indiquer non-seulement son nom ,
» celui de la fabrique et du département où il est éta-
» bli, mais encore l'espèce de produits manufacturiers ou
» industriels qu'il destine à l'Exposition.

» Comme le local, à raison du nombre des concurrents,
» ne peut avoir une très grande étendue, j'espère que les
» fabricants ne présenteront que ce qu'ils ont de plus par-
» fait. Nul art ne sera excepté.

» Les fabricants qui n'habitent point Paris ou ses envi-
» rons, et qui voudront concourir, nous remettront leur
» inscription que vous m'adresserez sur-le-champ.

» Il sera publié une liste de ceux qui seront admis à l'Ex-
» position.

» Je vous invite, citoyens, à donner à cette annonce la
» plus grande et la plus prompte publicité. Je n'ai pas
» besoin d'exciter votre zèle pour l'exécution de cette
» idée.

» Tous les départements doivent être jaloux de concourir
» à cette fête de l'indusrie nationale, et faire leurs efforts
» pour qu'elle devienne tous les ans plus riche et plus bril-
» lante.

» Les Français ont étonné l'Europe par la rapidité de
» leurs exploits guerriers ; ils doivent s'élancer avec la
» même ardeur dans la carrière du commerce et des arts
» de la paix »

Cette circulaire est, on ne peut le nier, la première pierre
de l'institution des Expositions industrielles ; il faut donc
reconnaître que François de Neufchateau en a été le fon-
dateur ; il sut comprendre combien on pouvait espérer du
concours national qu'il provoquait ; aussi son heureuse idée
fut-elle approuvée par le Directoire, qui voulut rendre cette

cérémonie solennnelle, en décidant qu'elle serait célébrée le jour de l'anniversaire de la fête de la République.

Nous avons puisé dans les annales du temps une description de cette fête, que nous croyons devoir reproduire ici :

Marche et Cérémonies observées le troisième jour complémentaire à l'ouverture de l'Exposition publique des Produits de l'Industrie française.

A dix heures précises du matin, le ministre de l'intérieur s'est rendu à la maison du Champ-de-Mars, et de là au lieu de l'Exposition par le miliieu du Cirque.

Cette marche a été réglée ainsi qu'il suit :

1° L'école des trompettes,

2° Un détachement de cavalerie ;

3° Les deux premiers pelotons d'appariteurs ;

4° Des tambours ;

5° Musique militaire, à pied ;

6° Un peloton d'infanterie ;

7° Les hérauts ;

8° Le régulateur de la fête ;

9° Les artistes inscrits pour l'Exposition ;

10° Le jury composé des citoyens :

Darcet, membre de l'Institut national ;

Molard, membre du Conservatoire des Arts et Métiers ;

Chaptal, membre de l'Institut national ;

Vien, peintre, membre de l'Institut national ;

Gillet-Laumont, membre du Conservatoire des Mines ;

Duquesnoy, de la Société d'Agriculture du département de la Seine ;

Moitte, peintre, membre de l'Institut national ;

F^d Berthoud, horloger, membre de l'Institut national ;

Gallois, homme de lettres, associé de l'Institut national

11° Le bureau central ;

12° Le ministre de l'intérieur;

13° Un peloton d'infanterie.

Le ministre et le cortége ont fait le tour de l'enceinte
consacrée à l'Exposition , et comme le temple de l'Industrie
n'était point terminé, le ministre s'est placé sur le tertre
du Champ-de-Mars.

C'est à l'homme de génie, l'instigateur d'un bienfait aussi
éminent, d'une institution aussi féconde en résultats; c'est,
en un mot, à un homme aussi compétent et autorisé que
François de Neufchateau, qu'il appartenait de prendre la
parole.

Voici le discours remarquable qu'il prononça :

« Citoyens,

» Ils ne sont plus ces temps malheureux où l'industrie,
» enchaînée, osait à peine produire le fruit de ses médita-
» tions et de ses recherches ; où des règlements désas-
» treux, des entraves fiscales étouffaient le germe précieux
» du génie ; où les arts, devenus en même temps les ins-
» truments et les victimes du despotisme, lui aidaient à
» appesantir son joug sur tous les citoyens, et ne parve-
» naient aux succès que par la flatterie, la corruption et
» les humiliations d'une honteuse servitude.

» Le flambeau de la liberté a lui, la République s'est as-
» sise sur des bases inébranlables ; aussitôt l'industrie s'est
» élevée d'un vol rapide, et la France a été couverte du
» résultat de ses efforts Les agitations politiques, insépa-
» rables des circonstances, des guerres intérieures et ex-
» térieures, telles que les annales du monde n'en offrent
» point d'exemple, des fléaux et des obstacles de tous les
» genres se sont en vain opposés à ses progrès ; elle a
» triomphé des factions, des circonstances de la guerre ,
» elle a vaincu tous les obstacles, et le feu sacré de l'ému-
» lation a constamment agrandi la sphère de son activité.

» O vous qui douteriez encore des avantages inestima-
» bles d'un gouvernement libre fondé sur la vertu et l'in-
» dustrie, parcourez tous les départements qui s'honorent

» d'appartenir à la grande nation ; comparez les produits
» de leur agriculture avec ceux qu'ils donnaient sous l'in-
» fluence du despotisme ; comptez les ateliers nombreux
» qui se sont élevés du sein des orages, et même sans es-
» poir apparent de succès, et dites-vous ensuite si la ri-
» chesse du peuple n'est pas une conséquence nécessaire
» de la liberté ; dites-vous, si vous le pouvez, quelles se-
» ront les bornes de l'industrie française, lorsqu'elle pourra
» se livrer à toute son énergie, lorsque les canaux du com-
» merce seront rouverts, lorsqu'elle se verra ombragée par
» l'olivier de la paix.

» La paix ! ce mot chéri retentit dans tous les cœurs ;
» mais si le gouvernement ne néglige aucun moyen de
» vous la procurer, en conciliant la gloire de la nation et
» les intérêts de l'humanité ; s'il est convaincu que la
» prospérité de la République doit avoir pour bases l'agri-
» culture, les manufactures et le commerce, il vous appar-
» tient peut-être plus qu'à lui, artistes républicains, de
» hâter le moment où vous pourrez jouir de ses bienfaits.

» Parmi les nations policées, les arts seuls peuvent
» consolider la victoire et assurer la paix. Les ennemis
» les plus acharnés de la République, vaincus et hu-
» miliés par la valeur de nos frères d'armes, se conso-
» lent quelquefois en se réjouissant de la folle espérance
» de faire triompher leur industrie ; c'est à vous de détruire
» ce prestige par l'efficacité de vos efforts ; c'est à vous de
» leur montrer que rien n'est impossible à des hommes li-
» bres et éclairés ; c'est à vous d'égaler et de surpasser
» vos rivaux, et vous en avez les moyens. La nature, aussi
» libérale pour le pays que vous habitez qu'elle paraît
» avare pour la plupart de ceux qui vous envient, est se-
» condée encore par la forme de votre Constitution et par
» les lumières multipliées qui vous environnent.

» Il manquait peut-être un point central à votre émula-
» tion ; l'industrie, en dispersant ses produits sur la sur-
» face de la République, ne mettait pas les artistes à portée

» d'établir des comparaisons qui sont toujours dans les arts
» une source de perfectionnement ; d'ailleurs, le gouver-
» nement lui-même pouvait craindre de laisser dans une
» obscurité décourageante les talents distingués qui hono-
» rent les départements les plus éloignés du lieu de sa ré-
» sidence.

» C'est pour procurer aux artistes le spectacle nouveau
» de toutes les industries réunies, c'est pour établir entre
» eux une émulation bienfaisante, c'est pour remplir l'un
» de ses devoirs les plus sacrés, pour apprendre à tous les
» citoyens que la prospérité nationale est inséparable de
» celle des arts et des manufactures, que le gouverne-
» ment a approuvé la réunion touchante à l'inauguration
» de laquelle il m'a chargé de présider aujourd'hui, et qu'il
» en a fixé l'époque à celle de la fondation de la Répu-
» blique.

» Ce spectacle est bien vraiment républicain ; il ne res-
» semble point à ces pompes frivoles dont il ne reste rien
» d'utile.

» Les artistes auront enfin une occasion éclatante de se
» faire connaître, et l'homme de mérite ne courra plus les
» risques de mourir ignoré après quarante ans de tra-
» vaux.

» Tous les citoyens vont s'instruire et jouir à la fois, en
» venant contempler ici l'Exposition annuelle, des fruits de
» l'industrie française.

» Les savants, les hommes de lettres viendront étudier
» eux-mêmes les progrès de nos arts ; ils auront enfin une
» base pour asseoir la technologie ou la théorie instructive
» des arts et métiers.

» Cette science était presque entièrement ignorée, quand
» l'Encyclopédie en traça la première ébauche. Ce sont des
» écrivains français qui ont jeté les fondements de cette
» étude intéressante ; il est réservé à la France d'en réunir
» tout le système, et d'en faire un objet d'enseignement

» public; peu de connaissances humaines sont plus dignes
» de cet honneur.

» En effet, la technologie ouvre à l'esprit un champ bien
» vaste ; l'économie rurale, la minéralogie pratique tirent
» du sein de la nature des matières premières, que les
» arts et métiers savent approprier à l'usage des hommes
» et aux divers besoins de la société. Ces besoins sont : la
» nourriture, le vêtement, le logement; mais les arts ne
» s'en tiennent pas à ce qui pourrait être strictement néces-
» saire pour y pourvoir à la rigueur; s'ils étaient bornés là,
» la vie humaine aurait été bien triste et bien sauvage.

» Pour mieux répondre à nos désirs, et pour nous ren-
» dre heureux par nos propres besoins, les arts étendent
» leur carrière ; ils embellissent leurs produits ; ils mettent
» tour à tour à contribution les trois règnes de la nature et
» les quatre parties du monde. Ils joignent l'élégance à la
» commodité, et nos jouissances varient, et nos goûts sont
» flattés, en même temps que nos besoins se trouvent sa-
» tisfaits.

» Ces arts, que l'idiome de l'ancien régime avait cru
» avilir en les nommant *arts méchaniques ;* — ces arts,
» abandonnés longtemps à l'instinct et à la routine, sont
» pourtant susceptibles d'une étude profonde et d'un pro-
» grès illimité.

» Bacon regardait leur histoire comme une branche princi-
» pale de la philosophie; Diderot souhaitait qu'ils eussent leur
» académie ; mais que le despotisme était loin d'exaucer
» son vœu! qu'il était loin de le comprendre! Il n'envisageait
» dans les arts que des esclaves d'un vain luxe, et non des
» instruments du bonheur social; aussi la plupart de ces
» arts sont restés dans l'enfance, parce qu'on les a mépri-
» sés. Cependant, l'industrie est fille de l'invention et sœur
» du génie et du goût. Si la main exécute, l'imagination
» invente, et la raison perfectionne. Les arts les plus com-
» muns, les plus simples en apparence, s'éclairent au foyer
» de la lumière des sciences, et les mathématiques, la phy-

» sique, la chimie, le dessin appliqués aux arts et métiers,
» doivent guider leurs procédés, améliorer leurs machines,
» simplifier leurs formes, et doubler leur succès en dimi-
» nuant leur main-d'œuvre.

» Ah ! rendons enfin aux artistes la justice qui leur est
» due ! Que les arts nommés *libéraux*, bien loin d'affecter
» sur les autres une injuste prééminence, s'attachent dé-
» sormais à la faire valoir ! Que l'éducation publique fasse
» connaître à nos enfants la pratique et la théorie des arts
« les plus utiles, puisque c'est de leur exercice que notre
» constitution fait sagement dépendre l'admission des jeunes
» gens au rang des citoyens ; que tous les ans ce temple
» ouvert à l'industrie par les mains de la liberté, reçoive de
» nouveaux chefs-d'œuvre ! Qu'une émulation active, ani-
» mant à la fois tous les points de la République, engage
» les artistes, les fabricants en tous genres à venir disputer
» l'honneur de voir distinguer leurs ouvrages et d'entendre
» leurs noms retentir dans la fête auguste qui ouvre solen-
» nellement l'année républicaine ! Que pour mériter ces
» honneurs, ils tachent à l'envi de perfectionner les pro-
» duits de leur industrie ! Qu'ils s'efforcent de leur donner
» le caractère simple, la beauté des formes antiques et un
» fini plus précieux, un lustre plus parfait encore que celui
» dont se vantent, avec tant d'affectation, les manufactures
» anglaises.

» Français régénérés, vous avez à la fois des modèles à
» surpasser et des rivaux à vaincre ! Si les nations les plus
» libres sont nécessairement les plus industrieuses, à quel
» degré de gloire et de prospérité ne s'élèveront pas les
» arts utiles chez un peuple qui a voulu qu'on ne put être
» citoyen sans exercer un de ces arts et avec un gouverne-
» nement qui s'honore lui-même de l'éclat qu'il se plaît à
» répandre sur eux.

» Le Directoire exécutif a vu avec peine que le temps
» n'ait pas permis cette année de donner à cette cérémonie
» intéressante l'appareil et la solennité dont elle est suscep-

» tible ; mes yeux cherchent en vain dans cette enceinte
» les produits de l'industrie d'un grand nombre de dépar-
» tements qui à peine ont pu recevoir l'annonce de ce con-
» cours nouveau dans les fastes politiques de l'Europe ;
» mais si cette idée, vraiment patriotique, a pu exciter
» quelques regrets parmi ceux qui sont dans l'impossibilité
» de concourir à son exécution ; si ceux même qui sont
» assez heureux pour y concourir regrettent de n'avoir pas
» été prévenus plus tôt et de ne pas offrir à l'estime pu-
» blique des produits plus parfaits, le but du gouvernement
» est rempli

» L'an VI de la République montrera dans son cours tout
» ce que peut l'émulation sur un peuple libre et ami des
» arts.

» Vous qui les cultivez avec tant de succès, secondez les
» efforts constants d'un gouvernement paternel, vos intérêts
» sont les siens ; les arts ne peuvent régner qu'avec la
» liberté ; vous êtes les ennemis les plus dangereux pour
» les ennemis de la République ; les victoires de l'industrie
» sont des victoires immortelles.

» Réunissez-donc tous vos moyens, toute votre activité
» pour présenter à l'Europe étonnée, à la fin de l'année qui
» va s'ouvrir, le spectacle le plus imposant et le plus au-
» guste que puisse donner un peuple civilisé. Que dès le
» mois de messidor il parvienne de tous les départements
» des échantillons de toutes les espèces d'industries, que
» le gouvernement soumettra à l'examen d'un jury, et qui
» ne seront admis à l'Exposition qu'après cet examen. Que
» cette admission soit déjà un honneur dont les manufac-
» turiers français soient jaloux, et que les couronnes décer-
» nées ensuite par le Directoire exécutif soient la récom-
» pense la plus flatteuse à laquelle un républicain puisse
» aspirer.

» Pour moi, citoyens, celle qui touche le plus mon cœur,
» celle qui excite toute ma sensibilité, je la trouve dans la
» mission honorable qui m'est aujourd'hui confiée par le

» Directoire ; et si j'ai pu réussir à vous pénétrer de ses
» véritables sentiments et de sa bienveillance pour les arts,
» si j'ai pu augmenter encore et éclairer votre amour pour
» la République, ce jour sera le plus beau de ma vie. »

L'organisation précipitée de cette Exposition ne permit
pas à tous nos départements de s'y faire représenter ; c'est
ce que déplore d'ailleurs François de Neufchâteau dans le
discours que nous venons de retracer.

En effet, le nombre des exposants n'atteignit que 110 ; ils
représentaient, pour la plupart, les départements les plus
voisins de Paris, mais les produits présentés à l'examen du
public n'en étaient pas moins variés, ainsi qu'on peut s'en
rendre compte par la lecture du rapport du jury, en date
du cinquième jour complémentaire (21 septembre 1798),
que nous reproduisons *in extenso* :

» Les citoyens composant le jury national établi pour
» l'examen des produits de l'industrie française, en vertu
» de la décision du ministre de l'intérieur du 29 fructidor,
» an VI, se sont réunis au lieu de l'Exposition française le
» cinquième jour complémentaire à dix heures du matin,
» et ont procédé à cet examen avec le zèle et l'impartialité
» qui convenaient à la mission auguste qu'ils étaient appe-
» lés à remplir.

» Ils ont cru devoir distinguer, dans les productions du
» génie, trois genres de mérite, d'après lesquels la Société
» les classe toutes ; en conséquence, ils se sont bien gardés
» de confondre et peser dans la même balance les fruits de
» l'inventeur, les résultats du perfectionnement et les mo-
» numents de l'utilité publique.

» Ils ont cru que le premier caractère du mérite d'un ou-
» vrage est dans l'invention ; que le premier titre à la re-
» connaissance publique est le degré d'utilité, et que le
» perfectionnement, qui peut supposer le même talent, ne
» présente pas pour cela les mêmes droits aux récompenses
nationales.

» Ils n'ont pas pu se refuser à accueillir avec un senti-
» ment de prédilection, toutes les productions qui peuvent
» être offertes en parallèle avec les produits analogues de
» l'industrie anglaise ; et ce n'est pas sans éprouver, avec
» une vive émotion, le sentiment d'un orgueil patriotique,
» qu'ils ont vu se présenter au concours, par des artistes
» français, des aciers, des limes, des cristaux, des poteries,
» des toiles peintes, que nous pouvons offrir à nos rivaux
» comme des motifs pour eux d'une juste et inquiète
» jalousie.

» Ils conviendront encore qu'ils n'ont pu se défendre du
» même sentiment, lorsqu'ils n'ont trouvé dans les fabriques
» de leurs voisins absolument rien de comparable aux pro-
» duits étonnants de Sèvres et de Versailles, des Didot, des
» Bréguet, des Lenoir, des Dihl et Guerhard.

» Les citoyens composant le jury, remplis d'estime et de
» reconnaissance pour les nombreux artistes qui honorent
» la nation, n'ont éprouvé qu'un seul regret, c'est celui de
» se voir contraints par le règlement de borner leur choix
» et de limiter leurs suffrages sur une seule partie des pro-
» duits nombreux qui avaient mérité leur approbation ; ils
» espèrent néanmoins qu'en s'acquittant de cette partie pé-
» nible de leurs fonctions, leur jugement sera celui du pu-
» blic et de tous les artistes.

» Ils eussent désiré que le temps eut permis à tous les
» citoyens inscrits, d'exposer les produits de leur industrie,
» pour les soumettre à l'examen du jury ; et ils ont à re-
» gretter surtout que les citoyens Boyer-Fonfrède, dont les
» étoffes en coton rivalisent avec les plus belles de l'An-
» gleterre ; Didot jeune, si avantageusement connu par ses
» superbes éditions, et la fabrication de son papier velin ;
» Larochefoucauld, distingué par le genre de fabrique en
» cotonnade qu'il a formé ; Delaître, à qui la filature doit
» une partie de ses progrès, et autres artistes dont les ou-
» vrages ont obtenu une réputation justement méritée
» n'aient pas pu concourir.

» Le jury n'a pas cru devoir admettre au concours les
» fabriques nationales de Versailles et de Sèvres, attendu
» que les encouragements qu'ils reçoivent du gouverne-
» ment leur donnent des moyens qu'il est difficile à des
» particuliers de réunir ; il s'est borné à rendre une justice
» méritée aux superbes et nombreux produits qu'elles ont
» présentés à l'Exposition.

» Le jury proclame avec confiance le jugement qu'il a
» porté, parce qu'il le regarde bien moins comme une ré-
» compense exclusivement acquise aux artistes qui ont
» paru mériter une distinction, que comme un titre d'en-
» couragement et de reconnaissance pour tous ceux qui ont
» concouru ; il espère donc que l'industrie française va com-
» mencer une nouvelle ère à dater des cinq jours complé-
» mentaires de l'an VI, et que cette institution à jamais
» mémorable, en présentant annuellement aux artistes des
» juges et des rivaux, échauffera l'émulation, nourrira le
» bon goût, étouffera l'intrigue et prouvera à toutes les na-
» tions que si les arts sont l'apanage, la gloire et la force
» d'un gouvernement libre, ce gouvernement en est à son
» tour le plus ferme appui.

» Noms des douze citoyens qui ont été distingués par le
» jury :

» BRÉGUET. — Paris (Seine). — Nouvel échappement
libre et à force constante, également
applicable au perfectionnement des
horloges astronomiques et des horloges à longitudes. Cette horloge produit
l'effet très singulier de remettre une
montre à l'heure.

» LENOIR. — Paris (Seine). — Balance d'essai d'une précision rigoureuse. Echelle comparative
de la pesanteur des métaux. Un cercle
astronomique d'un petit diamètre, qui
supplée les grands quarts de cercles et
donne plus de précision. Un bel ins-

trument des passages et un instrument d'observation appelé *cercle*, destiné à remplacer l'*octont* dont se servent les marins. Une boussole marine ; une très belle boussole d'inclinaison et un baromètre perfectionné.

» P.-F. DIDOT et HERHAN. — Paris (Seine). — Superbe édition de Virgile avec caractères et encre de leur fabrication. Planche stéréotype et édition in-12 des œuvres de Virgile et de Lafontaine avec ces caractères.

» CLOUET. — Paris (Seine). — Fer converti en acier par la simple fusion, et rasoirs fabriqués avec cet acier.

» DIHL et GUERHARD. — Paris (Seine). — Tableaux en porcelaine, et exécutés par d'habiles artistes avec des couleurs qui n'éprouvent aucun changement dans la cuisson.

» DESARNOD. — Paris (Seine). — Cheminées et poëles, de fer et de fonte, perfectionnés par cet artiste. Modèles de cheminées et fourneaux économiques.

» GONTÉ. — Paris (Seine). — Crayons de diverses couleurs et de compositions variées selon les besoins, provenant de la fabrique qu'il a établie à Paris.

» GREMONT et BARRÉ. — Bercy (Seine). — Toiles peintes distinguées par la pureté du dessin et la beauté des couleurs.

» POTTER. — Chantilly (Oise). — Assortiment de faïences blanches, dont la pâte, le vernis et les formes peuvent être comparés à ce qu'on connaît de plus parfait dans ce genre.

» PAYN fils. — Troyes (Aube). — Bonneterie de coton ; bazin d'un beau blanc et bien fabriqué.

» DEHARME. — Bercy (Seine) — Divers ouvrages en tôle vernie, ornés de dessins et peintures d'une grande beauté

» JULLIEN (Denis). — Luat-lès-Brice (Seine-et-Oise). — Assortiment de coton de Cayenne, filé à la mécanique, porté successivement jusqu'au n° 110.

» Après avoir satisfait au devoir sacré prescrit par le gou-
» vernement, en lui présentant les douze artistes qui on
» paru les plus recommandables, le jury n'a pu se refuser
» au plaisir de lui en faire connaître plusieurs autres qui
» méritent une mention honorable :

» BERTHIER. — Bizy (Nièvre). — Acier de sa fabrication, chaines de montres, mouchettes, limes faites de cet acier.

» BAOUT. — Paris (Seine). — Limes fines dont la réputation est généralement établie. Elles proviennent d'aciers français.

» BOUVIER. — Paris (Seine). — Divers ouvrages fondus en filigranes.

» GÉRONTEL. — Paris (Seine). — Feuillets de corne, à lanternes, ramenés aux plus grandes dimensions par un procédé qui appartient à cet artiste.

» KUTSCH — Paris (Seine). — Machines d'une très grande précision pour diviser et vérifier très promptement les mesures de longueur.

» THIROUIN-GAUTIER. — Pont-Audemer (Eure). — Diverses qualités de coutils de très bonne fabrication. Serges et étamines glacées sans cesser d'être moelleuses, et d'un coup d'œil agréable.

» PALOUTET-ANDRY et LEBEAU. — Champlain (Seine-et-
            Oise). — Couverts plaqués d'or et d'ar-
            gent sur acier.

» SALNEUVE. — Paris (Seine). — Forte vis de balancier ;
            presse à timbre sec d'une belle exécu-
            tion.

» PERRIN. — Paris (Seine). — Toiles métalliques per-
            fectionnées et assortiment en ce genre
            depuis celle qui est employée à la fa-
            brication du papier vélin jusqu'à celle
            qui sert dans les tourailles des bras-
            series.

» PETREY. — Besançon (Doubs). — Beaux échantillons
            de bonneterie de fil.

» GAHOURS. — Paris (Seine). — Beaux échantillons de
            bonneterie de coton

» PLUMER-DONET. — Pont-Audemer (Eure). — Cuirs cor-
            royés, cuirs de porc apprêtés.

» LEPETIT-WALLE. — Paris (Seine) — Nécessaire à barbe,
            Rasoirs fins.
               Nota. — Cet artiste instruit et emploie
               des enfants tirés des hôpitaux. Déjà
               trente-sept sont établis dans Paris.

» Le jury a distingué encore, parmi les ouvrages exposés
» au concours, les mouchoirs et étoffes des fabriques de
» Cholet et de Mayenne.

» Il a vu avec plaisir que les onze associés de Chollet et
» le citoyen Jacquier (de Mayenne) ont rendu à l'industrie
» de ces malheureuses contrées l'activité qu'elle avait avant
» la Révolution, et il espère que leurs efforts soutenus et
» réunis répareront en peu de temps les désastres d'une
» guerre qui y avait tout ravagé.

» Le jury croit devoir aussi un tribut d'éloges aux fabri-
» ques du Creuzot et du Gros-Caillou. Les cristaux qu'elles
» ont exposés sont de belle qualité, et l'on doit espérer de
» l'intelligence des artistes qui dirigent ces fabriques qu'ils

» la porteront à un tel degré de perfection, que nous n'au-
» rons plus rien à désirer dans cette partie.

» Le jury a pareillement applaudi aux ingénieuses ma-
» chines présentées par le citoyen Roth pour fendre et di-
» viser les cuirs, et aux cardes-croisées fabriquées par le
» citoyen Flages, de Toulouse.

» Le jury doit au gouvernement de lui déclarer que les
» progrès de l'industrie se lient essentiellement au maintien
» de l'institution qu'il vient de former. Il peut lui annoncer
» que le moment est arrivé où la France va échapper à le
» servitude de l'industrie de ses voisins; que partout les
» arts associés aux lumières se dégagent de cette honteuse
» routine qui est le caractère de l'esclavage; que l'émulation
» la plus brûlante embrâse toutes les têtes des artistes, et
» que le gouvernement n'a qu'à vouloir pour porter les arts
» au degré de supériorité où s'est placée la grande nation
» parmi les peuples de l'Europe.

» Fait au Champ-de-Mars, le cinquième jour complémen-
» taire de l'an VI de la République française. »

Pour faire suite au rapport descriptif du jury, qu'on vient
de lire, nous ne pouvons mieux faire que reproduire textuellement la circulaire, en date du 24 vendémiaire an VI
(15 octobre 1798), adressée par François de Neufchâteau
aux administrations centrales des départements sur les résultats de l'Exposition.

« Citoyens,

» Les arts utiles sont enfin mis à leur place, et le gou-
» vernement républicain les a vengés de l'espèce d'avi-
» lissement auquel ils étaient condamnés sous le despo-
» tisme.

» Une nouvelle ère est donc commencée pour ces arts
» nourriciers, les premiers de tous chez un peuple qui a
» fait de leur étude une condition essentielle à l'exercice
» de ses droits civils et politiques.

» Déjà tous les départements ont applaudi à l'idée conçue
» par le gouvernement de lier le triomphe paisible des ma-
» nufactures nationales aux triomphes guerriers dont nos
» fêtes retracent une image si touchante.

» On a vu, avec un enthousiasme qui présage les plus
» brillants succès, s'ouvrir une sorte de concours où les
» productions de l'industrie française dans tous les genres
» étaient offertes aux regards de la nation et désignées à sa
» reconnaissance.

» En ordonnant, dès cette année, l'exécution d'un projet
» si utile aux progrès de l'art, le Directoire exécutif ne s'est
» pas dissimulé que le temps ne permettait pas de donner
» à cette solennité tout l'ensemble et toute l'étendue dont
» elle eut été susceptible, et que le plus grand nombre des
» départements recevait trop tard la nouvelle de ce bienfait
» pour être à portée d'en profiter.

» Mais il a cru devoir se hâter de poser la première pierre
» d'un édifice immense que le temps seul peut achever, et
» qui s'embellira, à chaque année, par les efforts réunis
» du commerce et de l'industrie.

» Cette première Exposition a rempli en effet, de la ma-
» nière la plus heureuse, les vues paternelles du Directoire
» exécutif. Lisez avec attention le catalogue des produits
» exposés avec le jugement du jury qui se trouve à la suite,
» et vous vous convaincrez que l'industrie française, prise
» au dépourvu, sans avoir eu le temps de préparer ses
» moyens et de développer ses ressources, a honoré le génie
» national par des productions qui peuvent exciter l'envie
» des étrangers. Vous verrez que cette première exposition
» conçue et exécutée à la hâte, incomplétement organisée,
» est réellement une première campagne, une campagne
» désastreuse pour l'industrie anglaise, et glorieuse pour la
» République.

» C'est à vous, citoyens, de féconder le germe précieux
» d'émulation que le gouvernement vous confie; c'est à vous
» d'électriser les artistes de votre arrondissement, et de les

2.

» pénétrer de l'intérêt que le gouvernement attache aux
» travaux des arts, à ces travaux vraiment populaires, dont
» la perfection et l'activité ont une si puissante influence
» sur la richesse et le bonheur des nations.

» Qu'ils sachent par vous que la gloire n'attend pas
» moins l'artiste ingénieux dont l'industrie met à contri-
» bution les nations étrangères, que le guerrier intrépide
» qui la soumet et par les armes et par son courage ; qu'ils se
» persuadent enfin que nos manufactures sont les arse-
» naux d'où doivent sortir les armes les plus funestes à la
» puissance britannique.

» L'Exposition annuelle, que le gouvernement vient d'éta-
» blir, met en contact, et à portée de s'éclairer l'une par
» l'autre, les industries partielles des départements, et, con-
» tribuant ainsi au perfectionnement général de nos fabri-
» ques elle nous conduira plus rapidement au but que nous
» désirons d'atteindre depuis si longtemps.

» Pour y parvenir plus sûrement, le Directoire exécutif
» veut qu'à l'avenir aucune production industrielle ne soit
» admise à l'Exposition qu'après avoir subi l'examen d'un
» jury qui constatera si elle est de nature à honorer l'in-
» dustrie française.

» Ce jury sera nommé chaque année dès le 1er messidor,
» et c'est à dater de cette époque jusqu'au 10 thermidor
» suivant, inclusivement, que devront lui être fournis les
» échantillons des produits qu'on aura l'intention d'ex-
» poser.

» En conséquence, tous les manufacturiers et fabricants,
» qui voudront concourir à l'Exposition, n'enverront qu'à
» l'époque fixée les échantillons de chacun des produits
» qu'ils désireront présenter au public pendant les cinq
» jours complémentaires.

» Tout ce qui tient aux arts utiles, tout ce qui sert aux
» besoins de la vie, sera admis au concours.

» On donnera, en cas d'égalité de mérite de fabrication,
» une préférence marquée aux genres d'industrie qui riva-

» liseront avec les branches les plus fécondes de l'industrie
» anglaise.

» Chacun de ceux qui auront envoyé des échantillons
» sera prévenu par une lettre de son admission ou de sa
» non-admisssion au concours.

» A la réception de cette lettre, les manufacturiers qui
» seront admis pourront faire leurs dispositions ; l'édifice
» destiné à recevoir leurs produits sera terminé, et leurs
» places seront assignées dix jours avant les cinq jours com-
» plémentaires.

» Pendant ces cinq jours, le jury procédera à un
» nouvel examen, et il déterminera, le cinquième, quels
» seront les vingt fabricants ou manufacturiers qui parai-
» tront le mieux mériter d'être proclamés à la fête du
» 1er vendémiaire.

» Chacun de ces vingt manufacturiers recevra du prési-
» dent du directoire exécutif, une médaille d'argent ana-
» logue à l'Exposition, et celui des vingt qui, à raison de
» sa fabrication et de l'étendue de son commerce, aura été
» jugé avoir porté le coup le plus funeste à l'industrie an-
» glaise, recevra la même médaille en or.

» Un échantillon de chacun des produits qui auront mé-
» rité cette distinction sera déposé au Conservatoire des
» Arts et métiers, dans une salle consacrée à recevoir ces
» monuments de l'Exposition de chaque année ; une ins-
» cription particulière sera attachée à chaque échantillon.

» Telles sont, citoyens, les principales dispositions qu'il
» est important de faire connaître aux artistes et aux ma-
» nufacturiers de votre arrondissement. Animez leur zèle,
» excitez leur émulation, en les instruisant des résultats de
» l'Exposition de l'an VI, et dirigez-les vers le but glorieux
» que leur présente une institution qui appelle aux mêmes
» honneurs toutes les professions utiles, qui fixe l'attention
» et la reconnaissance de la société sur ceux qui en ressor-
» rent les liens, et qui servira mieux que tout autre, à
» caractériser un gouvernement ami du peuple. »

Encore une fois, dans cette circulaire éloquemment rédigée, tout en reconnaissant que, « *pris au dépourvu, les fabricants ont envoyé à l'Exposition des productions qui prouvaient leur génie,* » l'éminent ministre regrette qu'un si petit nombre d'industriels ait pu profiter des bienfaits de la nouvelle institution républicaine.

Encore une fois, il démontre l'avenir de « *cet édifice immense que le temps seul peut effacer;* » il convie enfin les autres industriels, qui n'ont pu user du même privilége, à une Exposition qu'il annonce pour l'année suivante, mais qui, malheureusement, n'a pu avoir lieu; des faits politiques, qu'il n'entre pas dans notre cadre de citer, encore moins de raconter, malgré leur influence notoire sur notre commerce et notre industrie, ont empêché l'exécution de ce projet.

Que de reconnaissance ne devons-nous nous pas à l'éminent ministre, à l'illustre homme d'Etat, à François de Neufchâteau, qui, le premier, conçut cette vaste et généreuse pensée d'appeler sur l'industrie, qui nourrit tant de nos nationaux, la haute protection du gouvernement! On ne peut nier qu'en prenant l'initiative de cette institution bienfaisante, il ait conseillé aux gouvernements successifs de suivre la même marche, d'accorder aussi leur protection à cette source inépuisable de richesses

1801

Il avait été décrété, dès le principe, que les Expositions publiques des produits de l'industrie seraient annuelles mais, nous l'avons déjà dit, les préoccupations politiques du moment furent un obstacle à l'exécution des mesures prises pour assurer la vitalité de cette institution. Au surplus, il convient d'avouer que si les Expositions eussent été annuelles, leur fréquence aurait pu menacer de leur faire perdre une partie de l'intérêt qu'elles devaient exciter; car il était impossible, surtout à cette époque où on commençait à peine à se remettre des bouleversements qu'on venait de traverser, que des inventions, et seulement des améliorations sensibles, reçussent le jour; c'est peut-être un peu à cette considération, qui n'est pas sans valeur, qu'on dut de n'avoir pas, en 1799, l'Exposition annoncée l'année précédente par François de Neufchâteau.

La deuxième Exposition ne fut donc décrétée qu'en 1801 par le premier consul, sur la proposition du comte Chaptal, ministre de l'intérieur (arrêté du 13 ventôse an IX).

Cet arrêté porte que les Expositions auront lieu chaque année à Paris. C'était revenir à l'idée déjà conçue par le Directoire en 1798; mais cette disposition ne fut pas longtemps en vigueur.

L'emplacement choisi pour l'Exposition de 1801 fut le Louvre, alors appelé *Palais-National des Arts et des Sciences;* Chalgrin, architecte ordinaire de l'administration, avait été chargé de l'organisation; il fit établir sur ses propres dessins, des constructions simples, mais élégantes, formées de colonnes en imitation de marbres de toutes couleurs, et disposées en cent portiques.

Cette Exposition fut, comme la première, une fête adjointe à la fête de l'anniversaire de la République. Le cinquième jour complémentaire, les trois consuls la visitèrent, et le 2 vendémiaire an X, sous leur présidence, eut lieu la cérémonie de la distribution des récompenses; sur 220 exposants représentant 40 de nos départements, 69 furent récompensés.

Désormais, nous ne reproduirons plus qu'à de rares exceptions, ou par fragments, les discours, circulaires ou rapports des jurys; nous ne l'avons fait que pour l'Exposition de 1798, et on comprendra que nous devions faire un complet historique de la première de ces Expositions auxquelles, aujourd'hui, nous devons incontestablement une industrie, en quelque sorte, universelle.

Toutefois, nous nous croyons obligés, pour compléter ce que nous venons de dire sur l'Exposition de l'An IX, de transgresser à la résolution que nous prenons de ne plus reproduire, *in extenso*, les rapports ou discours, en copiant ici des notes comparatives recueillies sur les Expositions de l'an VI et de l'an IX, et réunies en un discours, véritable monument littéraire, que nous avons été assez heureux de rencontrer dans les compilations auxquelles nous nous sommes livrés; ce discours, dû à l'érudition profonde du citoyen Camus, a été lu par lui-même à la séance publique de l'Institut national, le 15 nivôse an X :

« Les travaux des érudits ne se bornent pas toujours à
» l'examen aride de vieux textes ou d'anciens monuments;
» souvent ils recherchent dans les écrits de l'antiquité, des
» exemples à suivre, des comparaisons entre les institu-
» tions modernes et celles des âges reculés.

» Colbert était convaincu de ces avantages de l'érudition,
» lorsqu'il demanda au savant Huez une *Histoire du Com-*
» *merce et de la Navigation des Anciens*. L'étude de cette
» histoire lui suggéra l'idée des dispositions qui donnèrent
» alors un si grand lustre à nos manufactures et à notre
» commerce.

» L'Exposition des produits de l'industrie française est
» une institution tellement remarquable, tellement impor-
» tante par ses effets, qu'elle m'a paru un objet digne de
» quelques recherches, pour s'assurer si les anciens avaient
» eu l'idée d'une institution de ce genre. Je me suis con-
» vaincu qu'elle est purement française ; qu'elle avait dû
» naître parmi nous, et qu'il était impossible que les an-
» ciens, s'ils en avaient conçu l'idée, eussent jamais pu la
» réaliser. Il n'est pas étonnant que l'on s'occupe, dans
» l'Institut, de fixer la première époque, d'indiquer les
» cau es, d'annoncer les avantages d'un établissement
» fondé par un membre de cette Société, affermi et conso-
» lidé par un autre de ses membres ; tous deux ministres
» de l'intérieur : l'un en l'an VI, l'autre en l'an IX.

» Le commerce est considérable et de grand profit chez
» plusieurs peuples de l'antiquité, et le commerce ne sau-
» rait se faire sans des expositions du produit des arts mé-
» caniques. Aussi est-il fréquemment question, chez les
» anciens, de marchés publics où des marchandises de
» toute espèce arrivaient des contrées les plus lointai-
» nes. Au port d'Athènes, le Pirée, où se rendaient les
» hommes affairés et les curieux oisifs, on exposait des
» échantillons de toutes les marchandises qui arrivaient
» par mer.

» Ces Expositions sont celles qui ont eu lieu dans nos
» foires, celles qui avaient lieu à Lorient dans les superbes
» magasins de la Compagnie des Indes ; expositions pure-
» ment mercantiles pour exciter, par la montre la plus
» avantageuse, les désirs des acheteurs

» Les anciens eurent d'autres expositions qu'on pour-
» rait appeler de luxe ; telle fut celle qui accompagna une
» fête pompeuse donnée à Alexandrie par Ptolémée-Philo-
» métor, et dont la description se lit dans Athénée. On
» y étala, aux yeux de la multitude étonnée, une quantité
» prodigieuse de meubles, de vases et d'étoffes. S'il m'était
» permis de m'arrêter ici un instant, je remarquerais que,
» parmi ces étoffes, il en était dont l'historien dit qu'elles
» représentaient, *dans leur tissu même*, des figures et
» divers sujets. Ce texte, devenu obscur sous une masse
» de commentaires, s'est éclairci tout à coup à l'inspection
» d'une robe égyptienne que le général Régnier a trouvée
» dans des fouilles faites à Sakara, en Egypte, et qu'il a
» envoyée à l'Institut. Mais cette remarque est hors de mon
» sujet ; une autre que voici lui appartient. On avait long-
» temps cherché comment Philométor avait pu amasse.
» tant d'or, tant de pierreries, tant d'étoffes précieuses. Notre
» collègue Ameilhon en a démontré la source : elles étaient
» le produit du commerce que les rois d'Egypte faisaient, et
» des manufactures qu'ils entretenaient pour leur compter

» Au moyen âge, plusieurs villes du nord de l'Europe

» exigèrent, des marchands faisant route sur leur territoire,
» qu'ils exposassent leurs marchandises, entre lesquelles
» on choisissait, et on prenait à un prix déterminé les objets
» à la convenance des citoyens. Cet usage a passé en droit;
» il s'exerce dans plusieurs villes d'Allemagne.

» Dans tout ceci l'on n'aperçoit que des idées de luxe, de
» vanité, d'intérêt personnel; rien qui ait pour but l'avan-
» cement des arts mécaniques; rien qui indique un de ces
» concours dans lesquels on n'est pas payé, mais honoré
» selon la mesure de la perfection du travail.

» L'idée libérale d'un tel concours ne pouvait pas naître
» dans des siècles où les arts mécaniques étaient exercés
» par des esclaves. Nicias, d'Athènes, faisait exploiter ses
» mines par une troupe d'esclaves; Crassus, à Rome, en-
» tretenait jusqu'à cinq cents esclaves architectes, maçons,
» charpentiers, et les louait à ceux qui voulaient bâtir. In-
» dépendamment de cette troupe, il avait un grand nombre
» d'esclaves orfévres, argentiers, cuisiniers, tous au service
» de ses concitoyens moyennant finance. L'unique ambi-
» tion de ces esclaves était de former leur pécule pour ache-
» ter la liberté qu'on leur vendait quand ils ne pouvaient
» plus travailler. Le but des maîtres ne pouvait pas être la
» gloire, elle ne leur aurait pas appartenu; ils ne convoi-
» taient que de l'argent, peu inquiets qu'il se trouvât dans
» la suite, comme cela est arrivé, un Plutarque qui leur
» reprochât, à l'un, l'inhumanité avec laquelle *il tenait*
» (j'emprunte les expressions d'Amyot) *ses esclaves enferrés,*
» *languissants et mourants par le mauvais air de ses*
» *cavernes;* à l'autre, *cette mécanique marchandise, d'a-*
» *cheter* (par spéculation) *des maisons qui brûlaient ou*
» *qui étaient en danger de brûler.*

» Après avoir considéré ce qui s'est passé chez les anciens,
» voyons ce qui a lieu parmi nous. A la fin de l'avant-der-
» nier siècle, on commença à exposer les produits de la
» peinture, de la sculpture et de la gravure; on y a ajouté,
» dans la suite, l'Exposition de plans d'architecture: il y a

» moins de dix ans qu'on n'exposait encore que le produit
» de ces arts qu'on nommait *libéraux,* par où l'on voulait
» faire entendre qu'ils étaient exercés par des hommes
» libres, mais expression qui flétrissait les autres arts et qui
» les excluait nécessairement du concours honorable à
» l'Exposition, parce qu'on supposait qu'ils n'étaient pas
» libéraux. La philosophie a ri de la distinction orgueilleuse
» d'arts libéraux et d'arts non libéraux. Cette distinction a
» d'abord été affaiblie dans l'opinion ; bientôt après, elle a
» été entièrement renversée par la proclamation de la liberté
» publique ; tous les arts ont été libéraux lorsque tous ont
» été exercés par des hommes libres, lorsque la forme de
» notre gouvernement a assuré à l'ouvrier, aussi bien qu'à
» l'artiste, son rang dans l'Etat. Alors l'Exposition publique
» des produits de l'industrie nationale ou des arts mécani-
» ques a été instituée, et elle a été liée à la fête de la fon-
» dation de la République avec beaucoup de raison, parce
» que c'est seulement dans une république, où la liberté est
» générale, que les arts mécaniques peuvent être appelés
» au concours honorable qui résulte de l'Exposition.

» Oh ! si la Grèce, cette nation qui aima tant à parler de
» ses villes, de ses institutions, de ses jeux ; qui fut si con-
» teuse, presque toujours conteuse agréable et attachante,
» alors même qu'on lui reproche un peu de jactance ; si ce
» Théocrite qui, dans le charmant récit de la fête d'Adonis,
» transforme en ouvrages des dieux les tissus ourdis par les
» femmes de la reine Arsinoë, et en personnages animés les
» figures dessinées dans leurs broderies, avait à nous décrire
» l'Exposition de l'an IX, quel serait l'enthousiasme du
» poète lorsqu'il nous conduirait de l'immense galerie con-
» sacrée aux chefs-d'œuvre de la superbe Italie dans le
» salon où les élèves de Vien, les enfants de ces élèves et
» leurs nouveaux disciples (car il lui a été donné, à lui, de
» voir trois âges d'hommes) briguent et obtiennent quelque-
» fois les suffrages des hommes éclairés qui viennent de
» visiter la galerie des maîtres ; de là aux pieds de cet

» Apollon, monument sublime de l'art, monument à jamais
» durable de la gloire des arts et des triomphes des Fran-
» çais; de là encore, et toujours dans l'enceinte du même
» palais, à ce quadruple péristyle où l'art de la peinture,
» combiné avec ceux de la teinture et du tissage, montrait
» Coligny bravant ses assassins, Molé calmant les factieux;
» Molé et Coligny, deux illustres mortels aux côtés desquels
» sont aujourd'hui assis, dans l'Elysée, Angran et Males-
» herbes; où Racine, le sensible Racine paraissait radieux
» des superbes ornements dont les Didot l'ont revêtu; sous
» d'autres arcades, les produits de l'industrie en tout genre
» se réunissant, se joignant, se pressant; les peaux imper-
» méables à l'humidité à côté des tissus transparents du lin
» et du coton; les fils de la pinne marine disputant aux
» toisons de nos troupeaux l'honneur de vêtir l'homme; les
» meubles élégants, les cristaux éclatants, voisins des socs
» de charrue, des fers de faulx, des lames de scie; tout
» rassemblé, tout apporté au concours, parce que nul art
» n'est excepté; c'est la loi solennelle de la proclamation!

» Et si après que la foule du peuple, satisfaite du spectacle
» nouveau développé à ses yeux, aurait laissé un accès libre
» à l'un de ces philosophes célèbres qui ont illustré Athènes,
» à ce Socrate, curieux interrogateur de la nature et de la
» raison; à ce Xénophon, sage administrateur comme brave
» guerrier, combien d'objets auraient fixé leurs médita-
» tions!

» D'abord, l'idée sublime de tirer le manufacturier et le
» simple ouvrier hors des idées étroites renfermées dans le
» calcul du produit d'une journée ou d'une entreprise,
» pour les élever au sentiment de la gloire, au désir, à la
» volonté, aux moyens de se faire un nom qui vive dans la
» mémoire des hommes!

» En second lieu, le rapprochement des arts de toutes les
» classes et l'influence qu'en cet état ils exercent les uns
» sur les autres. A ce rapprochement, je dirais presque à
» cette confraternité entre les arts, on doit des pâtes nou-

» velles qui, malgré la fragibilité inhérente à leur nature,
» sont rarement insensibles à l'alternative subite du chaud
» et du froid ; ces limes auxquelles l'acier ne résiste pas.
» Dans d'autres genres, l'élégance des formes a été adaptée
» aux objets du service le plus commun ; les meubles de
» nos appartements sont devenus, dans leurs détails, des
» monuments de l'art par les marbres, les bronzes, les bas-
» reliefs, les camées qui les enrichissent ; dans leur en-
» semble, des modèles d'un dessin pur, correct, enchan-
» teur.

» L'artiste appelé au concours s'éclaire par le progrès de
» ses émules ; il voit le terme où l'art qu'il cultive est
» arrivé ; il s'abstient des recherches devenues inutiles ;
» toute l'activité de son génie se porte sur les moyens de
» faire un pas en avant et d'aller au-delà de ses rivaux.

» Pendant la durée de l'Exposition, l'artiste s'entretient
» de ses succès, il les fait valoir avec complaisance même
» aux curieux qui l'admire sans le comprendre ; mais quelle
» est sa satisfaction, lorsqu'un personnage instruit entre
» dans les détails de son art, s'intéresse à ses procédés et
» lui explique par leurs causes les objets qu'il ne connais-
» sait que par leurs résultats ? L'ouvrier admire à son tour,
» et incertain de ce qu'il doit penser, il imagine dans sa
» naïve simplicité que le savant qui l'entretient est un an-
» cien compagnon qui a lui-même manié ou la navette, ou
» le rabot, ou la lime.

» Bientôt la déclaration du jury éclaire les concurrents.
» Les jurés décernent des grands prix, les prix moindres,
» ils distribuent les encouragements ; leurs motifs énoncés
» préparent les succès de l'Exposition prochaine ; tel a été
» récompensé pour une découverte, tel pour un degré de
» perfection acquise sur les autres ou sur lui-même, tel
» pour avoir employé un grand nombre de mains qui res-
» taient inutiles ; celui-ci n'a ni inventé, ni perfectionné,
» mais il a fabriqué à moindre prix des objets d'utilité pre-
» mière, il les a multipliés, répandus, disséminés.

» Ainsi le gouvernement et ses ministres jugent chaque
» année, sur pièces vues, de l'état des arts, de leur marche
» progressive, stationnaire, rétrograde. Sans violence, sans
» contrainte, sans même de commandements exprès, cha-
» cun d'une volonté empressée, a apporté au centre com-
» mun les résultats de son industrie. L'Exposition cesse, et
» les échantillons des produits de l'année vont être déposés
» dans un immense Conservatoire. C'est là réellement que
» sont les annales des arts. Là des monuments authenti-
» ques instruisent de leur histoire, l'on y peut comparer les
» temps, les lieux, les personnes, juger les mesures qui ont
» été prises, recevoir l'indication des mesures qui sont à
» prendre.

» Plein de ces réflexions, j'approchais des portes de
» sortie de l'enceinte lorsque des inscriptions, qui différaient
» des autres, m'ont arrêté. Elles ne portaient le nom d'au-
» cun ouvrier ; on y lisait : *Objets fabriqués dans les mai-*
» *sons de force de Bicêtre, de Saint-Lazare de Gand, de*
» *Bruxelles, etc.* J'ai béni les administrateurs qui rendaient
» enfin la détention utile et à l'Etat et au détenu, en for-
» çant celui-ci au travail, mais je ne m'expliquais pas com-
» ment la contrainte avait pu faire exécuter des broderies
» aussi délicates et aussi parfaites que celles de Saint-
» Lazare? Des renseignements particuliers m'ont appris
» qu'on était parvenu à mettre l'émulation à côté de la con-
» trainte ; que parmi les femmes détenues plusieurs avaient
» été sensibles à la satisfaction de faire distinguer le travail
» exécuté dans leur maison. Ces femmes, ai-je dit aussitôt,
» sont donc sorties de l'abîme où la paresse les avait plon-
» gées : elles travaillent ; elles ne sont plus dans la honte
» du vice, puisqu'elles ont été sensibles aux éloges.

» Puissent ces notes extrêmement sommaires, sur un
» objet qui comporterait des développements très-étendus,
» servir au moins d'indication pour fixer une époque inté-
» ressante soit dans notre histoire politique, soit dans l'his-
» toire particulière des arts'

» Puisse cet exemple nous convaincre de plus en plus
» des bienfaits que les lumières, la philosophie, la liberté
» apportent aux sociétés, aux sciences, au commerce, aux
» arts, nous démontrer par des faits, toujours plus positifs
» que les théries. Combien il est intéressant pour un Etat
» que toutes les parties de son administration soient con-
» fiées à des hommes instruits, à des hommes qui aient
» cultivé par goût et avec succès, les lettres, les sciences et
» les arts !

1802

Conformément à la décision prise en 1801, il y eut une
Exposition en 1802. Mais, comme si on comprenait déjà que
c'était trop les rapprocher, de peur en un mot qu'elles ne
dégénérassent en exhibitions simplement mercantiles, le
comte Chaptal, dans une circulaire en date du 6 floréal
an X (26 avril 1802), adressée aux Préfets, développa une
série d'observations judicieuses. Nous en extrayons le passage suivant :

« Le but de l'Exposition publique des produits de l'Indus-
» trie française est moins de présenter un pompeux étalage
» de nos chefs-d'œuvre que d'offrir le tableau ou la réunion
» de tous les objets qui se fabriquent en France »

» Le gouvernement estime peu *les tours de force*, fruit
» ordinaire d'une patience stérile ou d'une adresse minu-
» tieuse ; il ne considère que les résultats d'une fabrication
» habituelle ; il juge de l'importance d'une manufacture par
» l'utilité, le nombre et le prix des produits qui en sortent ;
» le drap grossier de Lodève, les serges du Gévaudan sont
» pour lui, et le commerce en général, du même intérêt
» que les belles étoffes de Sedan et de Louviers ; la poterie
» la plus grossière, si elle est bonne et à bas prix, a le
» même mérite à ses yeux que l'élégante porcelaine ; et les
» couteaux de Saint-Étienne, qu'on paie un sou, sont pour

» lui aussi précieux que ceux qui se vendent vingt-cinq
» francs. »

540 de nos nationaux, dont 119 obtinrent des récompenses, s'empressèrent de répondre à la haute pensée que ces quelques lignes développent en envoyant à cette Exposition des produits témoignant de notre savoir-faire, et attestant la supériorité que nous avions acquise sur les mêmes produits étrangers.

Ce qui ajouta à l'intérêt de cette Exposition, c'est qu'on y put voir de magnifiques châles cachemires, ramassés par nos glorieux soldats sur les champs de bataille, en Egypte, et que ce seul fait d'avoir été importés par les héros du jour avait mis à la mode, ce qui leur donnait une valeur considérable.

C'est aussi à cette Exposition qu'on vit apparaître pour la première fois une industrie importante, en quelque sorte née de la veille, appelée à rendre aux autres branches des services incalculables. Nous voulons désigner la fabrication des produits chimiques récemment découverts et rapidement perfectionnés par les recherches persévérantes de nos savants chimistes, les Berthollet, les Chaptal, les Guyton-Moreau, les Molard, les Darcet, les Gay-Lussac.

1806.

Un avis du Ministre de l'Intérieur, inséré au *Moniteur* du 9 floréal an XI (30 avril 1803) portait enfin :

« Il n'est pas avantageux de trop rapprocher ni de multi-
» plier les concours; il est pour les découvertes une sorte de
» *maturité, des circonstances*, des époques, ou des *saisons*
» qu'on ne peut avancer ni créer. »

En conséquence, il n'y eut plus d'Exposition qu'en 1806; on laissa s'écouler trois années consécutives pendant lesquelles on ne s'abstint pas pourtant d'entretenir l'émulation parmi les industriels. De leur côté, ceux-ci ne cessèrent pas de travailler et d'améliorer leurs produits.

L'encouragement était exercé de toutes les manières; le Ministre de l'Intérieur, par une lettre rendue publique, attirait l'attention générale sur une nouvelle production due à M. Grégoire de Paris, et consistant en tableaux de velours aux couleurs les plus vives et les plus variées. Une Société spéciale proposait quinze prix, de 200 à 3,000 francs, et des médailles pour diverses améliorations à apporter dans :

La purification des fers.

La détermination des produits de la distillation du bois.

La fabrication de l'alun.

L'amélioration des laines.

La culture du navet de Suède.

La culture en grand de la carotte.

La fabrication du blanc de plomb.

La fabrication du fer-blanc.

La fonte de fer.

Et pour l'invention de machine à broyer les os.

La découverte d'une couleur propre à marquer les toiles.

Et la garniture des vases de métal en émail économique.

Nos producteurs répondaient à ces divers appels en déployant un zèle infatigable qui promettait une prochaine Exposition exceptionnelle.

Déjà des concours particuliers s'ouvraient dans quelques départements; dans le Calvados, dans l'Escaut, etc...

Ces concours régionaux, que nous avons renoncé à faire figurer dans notre plan, en raison de leur importance relativement secondaire, n'en prouvaient pas moins que l'émulation se propageait de plus en plus, et excitait comme une sorte de rivalité féconde en productions de toutes espèces; et que la marche dans la voie du progrès ne se ralentissait pas un seul instant.

Grâce aux marques d'intérêt prodiguées par le Gouvernement à tout ce qui avait rapport à l'industrie française, grâce au zèle soutenu par lequel nos industriels reconnaissaient cette puissante protection, l'Exposition qui s'ouvrit le 25 septembre 1806, et à laquelle on affecta la place des

Invalides, et les vastes bâtiments de l'ancienne école polytechnique, et des constructions adjointes, offrit un intérêt
spécial; elle fut comme une renaissance de l'institution
tant elle comprit et de produits nouveaux, et de perfectionnements, et de moyens de production récemment découverts.

Ce fut presque un concours européen composé par 1422
exposants, représentant toutes les principales villes de la
France, dont les frontières avaient été reculées au-delà du
Rhin et du Rhône.

Toutes les branches de notre industrie y figurèrent.

S'il est permis de dire, comme semblent y autoriser les
encouragements qu'on crut nécessaires, que lors des premières Expositions notre industrie était arriérée; en 1806,
elle avait fait de grands pas; en trois ans, élle s'était dé-
veloppée plus qu'on était loin de le prévoir; nous n'en
voulons pour preuve que la nomenclature des produits qui
y furent représentés.

INDUSTRIE DES TISSUS. — Laines améliorées.
Draps superfins et fins.
Draperies moyennes.
Casimirs.
Cadis Serges.
Etoffes de Fantaisie.
Velours-Pannes.
Etoffes de crin.
Chapellerie.
Soies grises.
Etoffes de soie.
Rubannerie.
Tulles et Crêpes.
Broderies et Passementeries.
Dentelles et Blondes.
Tissus de chanvre.
Cordages et Sangles.
Toiles et Voiles.

Tissus de lin.
Batistes et Linons.
Mousselines.
Percales.
Calicots.
Basins et Piqués.
Nankins.
Mouchoirs des Indes.
Bas — Bonneterie.
Couvertures.
Toiles peintes et cirées.
PAPETERIE. — Papiers de toutes sortes.
Papiers peints.
Cartons.
TEINTURERIE. — Toiles teintes.
Toiles peintes.
Toiles blanchies.
CORROIERIE. — Peaux tannées et corroyées.
Maroquins.
Chamois — Gants.
Mégisserie.
TAPISSERIES. — Tapis tentures.
Tapis moquettes.
MÉTALLURGIE. — Fers.
Aciers.
Faulx.
Limes.
Cylindres à laminer,
Tôles laminées.
Fer-blanc et fer-battu.
Tréfileries
Cuivre laminé et martelé.
Fil de laiton.
Toiles métalliques.
Plomb
Serrurerie.

3.

Coutellerie.
Outils divers.
Aiguilles et Epingles.
Armes blanches et à feu.
MÉCANIQUE. — Machines pour tissage de la laine.
— — du coton.
— à tisser le filet.
Machines hydrauliques.
HORLOGERIE. — Montres.
Pendules.
Garde-temps.
INSTRUMENTS DE PHYSIQUE ET CHIMIE. — Instruments
d'Astronomie.
De Marine.
Balances de précision.
Romaines.
TYPOGRAPHIE. — Nombreux ouvrages.
Caractères.
INSTRUMENTS DE MUSIQUE. — A Corde.
A Vent.
PRODUITS CHIMIQUES. — Alun, Soude, Sulfate de fer.
Vinaigre, Minium, Couleurs.
Crayons, Colle-forte, sulfate
de Magnésie, Souffre.
Raffiné, Camphre artificiel.
Savons, Asphaltes.
Huiles essentielles.
CÉRAMIQUE. — Cristaux, Glaces, Vitres.
Verrerie commune
Verres peints.
Terre à pipe.
Faïence noire.
Poterie marbrée.
Porcelaine.
Creusets.
Poterie de grès.

EBÉNISTERIE. — Carrosserie.
           Tabletteries.
           Meubles.
ORFÈVRERIE. — Objets divers en or.
           —   en argent.
           Filigrane.
           Pierres précieuses.

Et enfin nombreux produits remarquables fournis par les grandes imprimeries, les manufactures de Sèvres, des Gobelins, etc.

On ne peut que s'extasier devant une telle richesse de production, une variété aussi infinie. Quel progrès plus susceptible d'exciter, à un plus haut degré, l'admiration chez nous et l'envie chez nos rivaux !

La distribution des récompenses accordées au nombre de 119 eut lieu le 19 octobre de la même année, sous la présidence du premier Consul.

Le succès fut grand en effet, mais il n'était après tout que la juste rémunération due au travail persévérant des uns, à l'intelligence des autres, et il en revenait une grande part au Gouvernement, qui avait la satisfaction de constater l'efficacité de son protectorat.

1819.

De 1806 à 1819, c'est-à-dire pendant treize ans, il n'y eut aucune Exposition; c'était un trop long intervalle, car cet état de choses, fatalement amené par des guerres renouvelées, pouvait porter une grave atteinte à l'industrie en général.

Une Exposition au moins devenait nécessaire après le succès obtenu en 1806, aussi pour suppléer autant que possible à ce moyen d'émulation, qu'aucun autre ne saurait remplacer, prodigua-t-on les encouragements sous toutes les formes.

La même Société, qui déjà en l'an XIII avait proposé plusieurs prix, en créa de nouveaux pour l'étude de quelques questions encore irrésolues, telles que :

L'invention d'une machine à vapeur applicable au tissage.

L'invention d'un métier à tisser.

La confection des peignes de tisserand.

Le collage du papier.

La construction de fours à chaux.

La gravure en relief.

La fonte de l'acier.

Et l'invention d'une machine à tirer la tourbe sous l'eau.

Sous le patronage de la même Société, il fut publié un volumineux mémoire destiné à propager plusieurs observations scientifiques, dues à des théoriciens qui étudiaient avec un zèle des plus louables la fabrication de plusieurs espèces de produits.

L'ex-Ministre Chaptal, bien qu'éloigné des affaires de l'Etat, publia un ouvrage remarquable où il démontrait non seulement notre supériorité, mais notre influence sur l'industrie étrangère.

Le Gouvernement comprenant qu'il pourrait se produire sinon un abaissement, au moins un temps d'arrêt dans la marche progressive si bien observée jusque là, tenta d'organiser un nouveau concours.

Ce fut en vain, que sous l'influence de l'idée émise dans un avis ministériel que nous avons reproduit plus haut, un décret en date de 1809, décida que les Expositions auraient lieu tous les trois ans à partir de cette même année.

Cette décision fut forcément modifiée par les glorieuses guerres qui éclatèrent à la même époque, et par les Révolutions dont elles furent suivies.

Ce ne fut que dix ans plus tard, après avoir traversé une crise inévitable que firent naître les événemens qui s'accomplirent de 1812 à 1815, qu'eut lieu une Exposition.

Cette pénurie passagère prouva surabondamment que la

paix est un aliment indispensable à l'extention de l'industrie.

En 1817 et 1818, l'intérêt général se manifesta en faveur de cette source de bien-être ; les manufactures acquirent d'importants capitaux, et l'Exposition ouverte l'année suivante vient prouver le sage placement de ces fonds considérables et augmenter la confiance des capitalistes.

Le 13 janvier 1819 une ordonnance Royale décida qu'à partir de cette même année les Expositions auraient lieu tous les quatre ans.

En conséquence le 25 août, jour de la fête du Roi, l'Exposition, comprise dans le programme des réjouissances publiques, fut ouverte au Louvre. On lui consacra vingt-huit Salles à la décoration desquelles on employa divers objets d'art, tels que porte panneaux sculptés, etc... exécutés par un très-grand nombre d'ouvriers occupés sur l'ordre du Roi pendant les rigoureuses années de 1816 et 1817.

Le Roi et les membres de sa famille visitèrent à plusieurs reprises les produits exposés par 1662 industriels et fabricants.

Parmi les nombreux objets soumis à l'examen des visiteurs on remarque une grande quantité d'outils aratoires perfectionnés ; l'agriculture semblait alors observer à elle seule la plus grande part de l'attention qu'on accordait à l'industrie en général ; on mettait à profit le conseil implicite que contiennent ces paroles de Sully : « *Paturage et labourage sont les mamelles de l'État.* »

La distribution des récompenses eut lieu le 26 octobre dans la Salle du Trône, sous la présidence du Roi ; 360 exposants reçurent des médailles d'or, d'argent et de bronze.

Au nombre de ceux qui obtinrent des médailles d'or figuraient vingt-quatre artisans récompensés en vertu d'un décret spécial paru en janvier de la même année ; c'était une mesure libérale prise en faveur d'obscurs praticiens, qui simplement ouvriers dans les manufactures avaient en fournissant un travail intelligent, apporté aux moyens de fabrication, d'utiles améliorations que la pratique leur avait suggérées.

1823

En 1823 une nouvelle Exposition nationnale fut décrétée par une ordonnance Royale, qui contenait une mention particulière concernant une institution protectrice de l'industrie qui comptait déjà trente ans d'existence.

Cette ordonnance disposait comme en 1798, que les membres du Jury désigneraient parmi les produits couronnés ceux qui seraient dignes de composer un Musée industriel dans les Salles du Conservatoire des Arts et Métiers.

Le Conservatoire des Arts et Métiers fut institué sous la république, en vertu d'un décret en date du 19 vendémiacre an III « 10 octobre 1794 » ; l'année suivante on lui consacra l'ancienne abbaye de Saint-Martin où il est encore aujourd'hui.

Jusqu'en 1817 le Conservatoire des Arts et Métiers n'eut d'autre but que la réunion de mécanismes plus ou moins ingénieux, de Machines plus ou moins complètes que quelques savants étudiaient pour les perfectionner.

En 1817 on adjoignit à cette institution un *Conseil de perfectionnement*, dont la mission était de s'occuper exclusivement de l'industrie en signalant les améliorations à introduire et en indiquant les moyens propres à les faire obtenir.

Plus tard on créa une à une diverses chaires d'enseignement industriel et commercial ; on ouvrit des cours publics qui encore aujourd'hui réunissent un grand nombre d'élèves.

Le Musée dont la fondation est due à François de Neufchâteau, fut longtemps négligé ; Louis XVIII songea à le compléter et depuis il a été continué ; actuellement il est très-riche et l'unique en ce genre ; il y a aussi une bibliothèque où sont réunis en un nombre considérable, des ouvrages spéciaux.

Cette institution en raison de l'extension qu'on lui a donnée et qu'on augmentera par la suite, a déjà rendu d'éminents services, et est appelée à faire marcher de front la théorie à la pratique, c'est-à-dire à donner au travail manuel un guide infaillible, l'intelligence.

Le choix des produits exposés pour figurer au Musée du Conservatoire des Arts et Métiers formait un concours adjoint à l'Exposition publique ; c'était comme une deuxième récompense accordée à l'intelligence et à l'habileté de ceux dont les produits seraient remarqués particulièrement.

En raison de l'émulation que cette perspective devrait faire naître, on était autorisé à compter sur un empressement au moins aussi grand que celui qu'on avait apporté en 1819, mais on remarqua une certaine hésitation parmi les industriels. Sans en rechercher la cause ; nous lui attribuerons sans crainte de nous tromper, cette diminution, peu considérable il est vrai, du nombre des exposants.

En effet, de 1798 à 1819, inclusivement, la progression avait été constante, de 110 à 1662 ; en 1823 le nombre des exposants ne fut que de 1648.

Quoi qu'il en soit l'Exposition ouverte au Louvre, comme la précédente, le 25 août, jour de la fête du Roi, n'en attira pas moins à Paris un grand nombre d'étrangers ; elle resta publique jusqu'au 15 octobre. Le 23 de ce même mois eut lieu une solennelle distribution de 470 récompenses accordées par le Jury.

1827

Comme on le voit, à partir de 1819 les Expositions sont quaternales en exécution de l'ordonnance Royale du 13 janvier ; et cette intervalle était nécessaire et même propice aux nouvelles inventions, aux nouvelles découvertes, et permettait ainsi aux Expositions de devenir de plus en plus intéressantes.

En 1827, sous le règne de Charles X, il y eut donc une Exposition qui fut encore ouverte au Louvre, le 1er août; Dejolly, architecte, avait fait élever dans la cour quatre pavillons très-spacieux qui reçurent les produits de 1795 exposants

Le 30 octobre, sous la présidence du Roi et dans la Salle du Trône, eut lieu la distribution des récompenses; 425 médailles furent décernées

A cette Exposition on put constater une amélioration très-sensible dans l'apprêtage des laines et dans l'éducation des vers-à-soie ; le raport du Jury s'exprime en termes élogieux pour les industriels auxquels on était redevable de ces perfectionnémens d'autant plus importants qu'ils se rapportaient à la première des branches de notre industrie, la fabrication des tissus

1834

Par une ordonnance en date du 1833, Louis-Philippe décréta que désormais les Expositions nationales auraient lieu tous les cinq ans

Cette ordonnance contenait une disposition oubliée, ou au moins négligée, et cependant, au point de vue de l'intérêt que présente la visite des produits exposés, elle a, selon nous, une grande importance. Cette disposition invitait, en un mot, les exposants à fournir, entre autres renseignements se rattachant aux objets de leur fabrication, non le *prix de revient*, qui est le secret du producteur, mais le *prix marchand* auquel ces objets pouvaient être livrés.

En effet, par ce moyen , les membres du jury n'étaient plus seuls à apprécier les progrès réalisés ; le public lui-même, parfois aussi expert que le plus compétent, et, au surplus, le plus intéressé en sa qualité de consommateur, pouvait, comparant l'objet et son prix de vente, constater le progrès, se démontrer par cette simple vérification, les efforts tentés par les fabricants pour donner à leurs produits une qualité supérieure, tout en maintenant un prix modeste ou en ne l'augmentant pas, ce qui n'est pas moins, nous l'avons déjà dit, un succès appréciable.

On ne demandait que le prix marchand, et non le prix de revient, qui est le secret du producteur? Mais nous serions d'avis que ce secret fût divulgué ; le progrès serait bien plus constatable, car, bien que calculé sur les frais de fabrication, les frais généraux, le prix de vente est plus arbitraire que positif Qu'importerait donc au fabricant de ne pas indiquer le prix de revient de chaque objet exposé ? craindrait-il qu'on ne fût initié aux bénéfices qu'il peut réaliser dans la vente de ces mêmes objets? ne sait-on pas que le prix de revient des produits, avant qu'ils sortent de ses mains pour passer en celles du consommateur, s'augmentent de mille et un frais dont l'addition au prix primitif est équitable ? S'il se refuse à livrer ce secret, cette dernière appréciation sur l'augmentation du prix de revient ne serait-elle pas exacte ?

Il y a là, nous n'en doutons pas, une question à étudier dans l'intérêt de l'exposant comme dans celui du visiteur ; résolue dans le sens que nous venons de développer succinctement, cette question peut fournir l'occasion d'ajouter, sans contredit, à l'attrait déjà si grand des Expositions industrielles.

On affecta à l'Exposition de 1834 la place de la Concorde, où on construisit quatre pavillons très spacieux.

Le nombre des objets admis s'était accru dans une telle proportion, que les salles du Louvre, employées jusque-là, étaient devenues insuffisantes.

C'est le 1er mai, jour de la fête du Roi que l'ouverture eut lieu.

Outre 697 médailles distribuées parmi les 2,447 exposants, on décerna 28 décorations de l'ordre de la Légion d'honneur.

Dans son rapport, le jury appela l'attention sur les métaux dont l'extraction était abondante, et dont l'emploi se généralisait.

Et, spectacle encore nouveau, on put voir, lors d'une visite que fit le Roi, fonctionner un très grand nombre de machines à vapeur, puissants auxiliaires admis depuis peu dans l'industrie, et dont l'appropriation était du reste encore toute récente.

1839

Le décret de 1833, fixant à cinq ans le laps de temps qui devait s'écouler entre chaque Exposition, reçut encore son exécution en 1839.

Cinq ans d'intervalle permettaient, en effet, aux inventeurs, ou de chercher de nouvelles combinaisons, ou de modifier celles dont ils avaient exposé des modèles à l'Exposition précédente ; les fabricants, pendant ces cinq années, pouvaient étudier, corriger leurs procédés, améliorer leurs produits ; cinq ans enfin sont un délai strictement nécessaire aux perfectionnements de toute nature, car, outre que pendant ce temps l'industrie peut s'étendre, augmenter ses ressources, le nombre des producteurs peut s'accroître ; en un mot, cette mesure bien comprise n'était qu'une heureuse application de l'idée déjà émise, en 1806, dans un avis ministériel que nous avons reproduit, et son effet fut sensible en 1839 ; l'accroissement du nombre des industriels, partant celui des exposants, dépassa les prévisions à ce point, que le gouvernement, qui avait fait construire, aux Champs-Elysées, sur le Carré-Marigny, un vaste bâtiment d'une superficie de près de 12,000 mètres, se vit obligé d'élever d'autres constructions ; le nombre des exposants fut de 800 environ, plus fort qu'en 1834, c'est-à-dire de 3,350, auxquels il fut distribué 2,310 récompenses.

Comme à la dernière Exposition, ce furent encore les machines à vapeur, dont le nombre et la variété s'étaient accrus, qui attirèrent le plus, et à juste titre, l'attention publique.

1844

Les Expositions de 1839 et 1844 furent les premières qui vinrent prouver toute la puissance de l'institution, toute son influence sur notre industrie, toute sa participation à la fortune du pays. Si déjà, précédemment, le progrès avait été évident, en ces deux dernières années, il fut pour ainsi dire palpable. Moins que jamais on eût pensé à renoncer à pratiquer ce moyen d'émulation dont les résultats profitent à tous ; en 1844, 3,963 industriels (600 de plus encore qu'en 1839!) exposèrent une quantité de produits variés à l'infini. Tous les départements, à l'exception d'un très petit nombre, comptaient plusieurs représentants. Toutes les branches de l'industrie avaient progressé, parce que la fabrication avait, depuis dix ans environ, un puissant auxiliaire, la vapeur! qu'on appropriait de jour en jour; auxiliaire si puissant, dont le secours est aujourd'hui si indispensable, que, comme nous le dirons plus loin, il a presque supprimé la main-d'œuvre, ou l'a au moins amoindrie, et a ainsi aidé au perfectionnements de tous les produits, quels qu'ils soient, en leur conservant la valeur intrinsèque, en ajoutant même à la qualité de quelques-uns, et en diminuant néanmoins considérablement leur prix.

1849

En 1849, ce fut encore, et pour la troisième fois, au Carré-Marigny qu'on fit construire un bâtiment plus vaste que pour les Expositions de 1839 et 1844, qui reçut les produits de 4 542 fabricants, dont 3,740 furent récompensés.

Comme on le voit, la progression du nombre des industriels ne se ralentissait pas un seul instant; tous les cinq ans, l'extension de l'industrie en général faisait un immense pas de plus, et nous ne croyons pouvoir mieux faire, pour appuyer notre dire que de donner le tableau numérique des exposants pour chaque département, dont 7 seulement ne prirent pas part au Concours :

Ain,	12	Eure,	26
Aisne,	28	Eure-et-Loir,	2
Allier,	5	Finistère,	32
Alpes (Hautes),	2	Gard,	58
Ardèche,	9	Garonne (Haute),	8
Ardennes,	25	Gironde,	9
Ariége,	3	Hérault,	20
Aube,	11	Ile-et-Vilaine,	10
Aude,	7	Indre,	5
Aveyron,	8	Indre-et-Loire,	13
Bouches-du-Rhône,	10	Isère,	38
Calvados,	27	Jura,	2
Charente,	17	Landes,	1
Charente-Inférieure,	3	Loire-et-Cher,	2
Corse,	1	Loire,	43
Côte-d'Or,	20	Loire (Haute),	4
Côtes-du-Nord,	15	Loire-Inférieure,	10
Creuze,	4	Loiret,	29
Dordogne,	4	Lot-et-Garonne,	2
Doubs,	28	Maine-et-Loire,	10
Drôme,	14	Manche,	18
Marne,	29	Saône (Haute),	4
Marne (Haute),	4	Saône-et-Loire,	8
Mayenne,	2	Sarthe,	16
Meurtre,	21	Seine,	2,047
Meuse,	10	Seine-Inférieure,	96

Morbihan,	2	Seine-et-Marne,	39
Moselle,	20	Seine-et-Oise,	32
Nièvre,	19	Sèvres (Deux),	5
Nord,	56	Somme,	14
Oise,	18	Tarn,	16
Orne,	8	Tarn-et-Garonne,	4
Pas-de-Calais,	11	Var,	2
Puy-de-Dôme,	21	Vaucluse,	1
Pyrénées (Basses),	4	Vendée,	10
Pyrénées (Hautes),	2	Vienne,	7
Pyrénées Orientales,	13	Vienne (Haute),	22
Rhin (Bas),	19	Vosges,	30
Rhin (Haut),	55	Yonne,	3
Rhône,	73		

L'Exposition de 1849 clot la série des Expositions nationales qui ont eut lieu en France. Nous allons bientôt traiter un sujet pour ainsi dire nouveau, nous allons parler d'une institution qui n'est autre que l'extension la plus considérable qu'on pouvait faire de celle qu'a fondée l'illustre François de Neufchâteau, nous allons décrire, en un mot, l'histoire des Expositions universelles.

Mais avant d'aborder ce sujet, nous avons cru devoir reproduire le remarquable discours que M. Ch. Dupin, en sa qualité de Président du jury, prononça en 1849 à la cérémonie de la distribution des récompenses.

Dans ce discours, véritable encyclopédie industrielle abrégée, le célèbre économiste démontre un à un les progrès obtenus; mais son impartialité, son patriotisme, lui font un devoir de dévoiler les points encore faibles de notre industrie, de signaler les perfectionnements qui font défaut, d'indiquer les lacunes ; en un mot, ce discours est rempli d'enseignements dignes des méditations de nos savants et de nos industriels.

« Monsieur le Président,

» Conformément à l'usage, je dois signaler les progrès
» obtenus par l'industrie nationale dans les cinq années
» écoulées depuis la dernière Exposition.

» Ce qui caractérise l'industrie moderne et le rend pro-
» gressive, c'est l'alliance de plus en plus intime de ses arts
» avec les sciences; la géométrie, la mécanique et la chi-
» mie sont les trois flambeaux qui la guident et la mènent
» aux découvertes; depuis la dernière Exposition, cette
» alliance féconde s'est signalée par de nouveaux bienfaits
» dont il faut montrer la nature et l'étendue.

Arts Géométriques et Mécaniques.

» La géométrie, l'art des mesures s'est attachée à l'in-
» dustrie d'instruments précis, quoique toujours simples et
» commodes; elle a perfectionné surtout un instrument resté
» dans l'enfance depuis l'usage qu'en faisait le peuple le
» moins savant des conquérants; la Romaine, aujourd'hui,
» combinant deux leviers et deux points d'appui, donne
» avec autant de rapidité que de précision les unités et les
» fractions décimales du poids des objets. Il fallait cette
» promptitude pour la multiplicité des pesages aux stations
» des chemins de fer, où tout doit marcher, disons mieux,
» courir avec la vélocité de la vapeur.

» Le temps est d'un prix inestimable pour les arts utiles.
» Combien de fois les commerçants n'ont-ils pas désiré des
» machines à calculer qui leur épargnassent des moments
» précieux et qui fussent exemptés des erreurs que l'esprit
» le plus attentif n'évite jamais complètement.

» Une heureuse combinaison de mouvements circulaires
» vient de faire faire un grand pas à la solution du pro-
» blème. Deux artistes français ont eu le bonheur d'ajouter

» à la machine arithmétique un perfectionnement que Pas-
» cal, son immortel inventeur, n'avait pas atteint.

» D'autres appareils à mouvements circulaires rendent
» d'éminents services à l'un des plus grands intérêts de
» l'humanité. Tels sont les phares inventés par l'illustre
» Fresnel; il les a dotés d'une puissance nouvelle, en réu-
» nissant les effets de la réflexion et de la réfraction, sur la
» surface des cristaux, circulairement disposés autour d'une
» lumière rendue elle-même plus puissante par des com
» bustions concentriques, auparavant inconnues.

» L'Exposition de cette année présentait à l'admiration
» publique le plus grand appareil de cette nature et le plus
» parfait que nous ayons construit encore. Les Anglais, les
» Suédois, les Américains, ont commandé des phares fran-
» çais, mais nous restons la puissance qui présente sur un
» immense littoral le plus bel ensemble de feux protec-
» teurs.

» Il y a vingt ans, nous n'avions érigé que 30 phares ou
» fanaux sur les côtes de l'Océan et de la Méditerranée;
» à présent, nous en possédons plus de 160 érigés sur nos
» côtes de France, de Corse et même d'Afrique. Sur notre
» vaste littoral de l'Algérie, nos trois couleurs pendant le
» jour et la nuit, nos lumières indicatrices apprennent aux
» navigateurs que la plus hospitalière des nations remplace
» aujourd'hui la piraterie séculaire des peuples barbares-
» ques.

» La lumière est l'objet d'un autre progrès plus récent
» encore, et qui va s'appliquer aux arts. Jusqu'à présent,
» l'industrie humaine n'avait pas pu parvenir à mesurer
» matériellement, sur notre globe, la vitesse prodigieuse
» de la lumière. Un jeune savant, à la fois géomètre et mé-
» canicien, vient de résoudre ce beau problème par la
» combinaison la plus simple et la plus ingénieuse de deux
» roues dentées à vitesse extrêmement peu différentes.
» C'est l'extrême lenteur d'un mouvement différentiel qui
« rend saisissable et mesurable la vitesse de la lumière,

» laquelle passe de l'une à l'autre de ces roues en moins
» d'un tiers de dix millièmes de secondes. Voilà ce que
» peut l'expérience quand la géométrie la dirige.

» Le même appareil sert déjà pour déterminer la vitesse
» du courant galvanique, dans cette communication où la
» terre elle même a des distances dont nous ignorons les
» limites, sert de conducteur au fluide.

» Dès 1787, un physicien français avait employé, pour
» transporter au loin des signaux, un fil métallique, unis-
» sant des électromètres. Cinquante ans plus tard, une dé-
» couverte est faite aux Etats-Unis, en substituant le pile
« voltaïque à l'électricité naturelle.

» Nos artistes ont imaginé des appareils ingénieux pour
» transmettre les signaux et pour compter les moments sur
» toute une ligne télégraphique.

» Déjà nos plus habiles horlogers construisent des comp-
» teurs et des horloges mus par la puissance de l'électricité.

» La chronométrie, parvenue au plus haut point de per-
» fection pour les usages de la marine et de la navigation,
» se contente aujourd'hui de ne pas rétrograder. L'hor-
» logerie secondaire offre des combinaisons nouvelles et
» variées; mais elle est loin de cette supériorité que ré-
» clame l'industrie nationale. Cependant, d'heureux succès
» nous présagent que bientôt nous aurons conquis notre
» place dans le commerce de l'horlogerie. Les Suisses
» achètent par milliers des mouvements de montres exécu-
» tés par une maison française du Jura, pour leur donner
» le dernier fini ; donnons-le nous-mêmes.

» Une jeune génération d'horlogers de précision se forme
» aujourd'hui dans Paris, elle nous promet d'importants
» progrès pour l'Exposition suivante.

» Depuis 1845, nous avons perdu le plus éminent artiste
» de l'Europe savante, pour la division et la combinaison
« des instruments où la rigueur mathématique est nécessaire. Il a laissé pour chef-d'œuvre le grand cercle de
« l'Observatoire de Paris, où le talent d'un excellent obser-

» valeur n'a pu signaler, dans les divisions, d'inégalités
» moyennes, supérieures à quatre dixièmes de secondes,
» c'est-à-dire à la cinq cent millième partie du rayon de l'ins-
» trument. Ce grand artiste fut d'abord un ouvrier qui devint
» l'honneur du faubourg Saint-Antoine et qui mourut mem-
» bre de l'Académie des Sciences. Quand nous avons sur
» sa tombe exprimé les regrets du monde savant et de la
» patrie, l'immensité des ouvriers qui portaient son cer-
» cueil sur leurs épaules a fait entendre ses acclamations
» enthousiastes, arrachées par la pensée, le sentiment de
» cette gloire répandue par un ami, sur un voisin, sur un
» patron du faubourg industrieux par excellence.

» Dans les premiers âges du monde, les mortels recon-
» naissants érigeaient des autels, aux inventeurs des moyens,
» d'ajouter au travail humain des forces vivantes en domp-
» tant des animaux. Aujourd'hui, nous nous contentons
» d'honorer la mémoire des hommes qui nous apprennent
» à dompter, et j'oserais presque dire à doter d'intelligence
» et de vie les forces inanimées, dont la nature livre par
» dégré au génie de l'homme le secret et la ressource.
» Aujourd'hui, nous domptons l'électricité, vous l'avez vu;
» nous domptons la chaleur, la vapeur, l'élasticité des
» gaz et celle de l'air. La chaleur du corps humain est
» portée du foyer d'une combustion intestine jusqu'aux
» extrémités de nos membres par une admirable ramifica-
» tion d'artères et de veines qui font circuler le sang par
» un mouvement rapide et continu.

» Cette hydraulique merveilleuse, dont le miracle inces-
» sant marque si bien le doigt de Dieu, nous le copions de
» loin pour chauffer nos plus grands appartements, comme
» si c'était des corps humains. Le calorique part de pou-
» mons de fer; ils pénètrent de là dans un cœur, dans des
» artères et dans des veines de métal; il chauffe, il anime
» au lieu de sang, une eau circulante qui, pour obéir aux
» doubles lois de la pesanteur et de la chaleur, prend un
» mouvem et régulier, et transmet au passage l'élévation

» de la température dans tous les membres du vaste édifice.

» Ce n'est que du luxe pour les palais, pour les hôpitaux
» c'est de l'humanité sacrée. A la circulation de l'eau,
» s'ajoute, au moyen d'un tirage, la circulation de l'air, au
» dedans de chaque porte un grillage offre ses interstices
» à l'air extérieur qu'il force à descendre sous la salle
» échauffée.

» On préserve ainsi les malades de ces terribles courants
» d'air froid qui les faisaient périr en si grand nombre dans
» les hôpitaux mal fermés, ou trop bien ventilés. En même
» temps, on empêche l'air vicié par les maladies d'une
» salle de communiquer avec l'air des autres salles. Ce
» n'est pas tout, le renouvellement de l'air intérieur s'opère
» de haut en bas en suivant des couches régulières. Par là,
» les miasmes putrides, au lieu de monter dans l'atmos-
» phère, descendent et disparaissent. On a voulu voir si les
» vases les plus fétides, si des cadavres même en putréfac-
» tion, posés sur le plancher, porteraient leur odeur infecte
» jusqu'à l'oreiller du malade ; elle n'a pas pu monter
» jusque-là, et son air est resté pur. Ai-je besoin d'ajouter
» que la médaille d'or est le prix d'un tel bienfait.

» Reportons notre pensée à soixante ans en arrière, lors-
» que l'Académie des sciences, dans un admirable rapport
» que fit Bailly, président de l'Assemblée constituante, lors-
» que l'Académie élevait le cri de l'humanité révoltée contre
» les hôpitaux, où quatre et cinq et même jusqu'à six ma-
» lades gisaient sur un même grabat, les moribonds à côté
» des cadavres, l'infection sous le lit comme sur le lit, et
» l'odeur de la mort emplissant l'atmosphère. Mesurons les
» pas que nous avons faits et soyons heureux d'un progrès
» qui s'étend à tous les jours de souffrance de nos classes
» ouvrières.

» J'aurais à rapporter ici d'autres bienfaits de la chaleur;
» mais le temps presse, il faut les omettre.

» Chaque année, nous ajoutons aux forces que nous em-
» pruntons à l'hydraulique avec les roues savantes dites à

» la Poucelet et les turbines hydrauliques. On a combiné la
» plus puissante et la plus simple des pompes d'épuisement,
» qui rend d'immenses services à tous nos travaux pu-
» blics.

» C'est la force de la vapeur qui se distingue entre toutes
» par la grandeur et la rapidité de nos progrès. Depuis
» 1835, nous avons plus acquis de ce côté qu'en aucune
» autre période quinquennale. Chaque année, le mouve-
» ment naturel de notre population ajoute à nos adultes
» trois cent mille individus dont au plus deux cent quatre-
» vingt mille assez forts pour bien travailler.

» Eh bien, dans chacune des trois années, 1845, 1846,
» 1847, la force totale de la vapeur, ajoutée à nos usines
» fixes, à nos chemins, à notre navigation fluviale ou ma-
» ritime, équivaut au travail de deux cent soixante et onze
» mille hommes. Si l'on y joignait les forces hydrauliques
» et les forces éoliques créées en même temps, nous dépas-
» serions l'équivalent de trois cent mille hommes. Ainsi,
» lorsque nous avions la paix et la sécurité, le génie de la
» mécanique doublait la force productive ajoutée tous les
» ans par l'accroissement régulier de la population. Les
» trois cent mille travailleurs mécaniques, sous forme d'eau,
» de vent ou de vapeur, n'exigeaient rien pour eux-mêmes,
» ne faisaient ni bruit, ni coalitions, ni perturbations, et
» laissaient tout le bénéfice à leurs compagnons de force
» humaine.

» Ce qui devait surtout fixer notre attention, c'est qu'on
» n'a pas seulement élargi, multiplié les ateliers où sont
» construits les mécanismes à vapeur, on les a transformés
» en vrais ateliers de précision, afin d'atteindre une perfec-
» tion nouvelle. On a fabriqué ces grandes machines-outils
» dont le travail rigoureusement régulier exécute, sous les
» auspices de la géométrie, des plans, des cercles, des cy-
» lindres, des cônes en bois, en cuivre, en fer, en acier,
» avec le dernier degré d'exactitude.

» Le public, par instinct plus que par habitude, s'est

» arrêté tous les jours devant ces grandes machines-outils
» qui n'ont pas, comme l'ouvrier le plus adroit, besoin
» d'être apprentis, et qui, du premier coup, font leur chef-
» d'œuvre.

» Sans m'arrêter sur les détails impossibles, j'offre un
» seul fait pour montrer où peut conduire ce nouveau genre
» de perfection du travail.

» La première des grandes locomotives à six roues,
» construite avec les outils-machines les plus précis, mise
» en jeu sur le chemin de fer du Nord, a parcouru, somme
» totale, 35,000 kilomètres avant d'avoir besoin d'une seule
» réparation ; un septième en sus, et c'était l'équivalent du
» tour de la terre qu'elle eût fait avant d'avoir éprouvé le
» plus léger dérangement.

» Les ouvriers que produisent de tels ouvrages, je les ai
» trouvés tous, forgerons, chaudronniers et ajusteurs, ayant
» suspendu devant eux, à leur forge ou à leur établi, l'épure
» géométrique de l'objet à confectionner, et tenant dans
» leurs mains la mesure en millimètres, afin de tout exécu-
» ter rigoureusement, comme pourrait le désirer un élève
» de l'Ecole polytechnique.

» Il faudrait un temps qui m'est interdit si je voulais énu-
» mérer toutes les machines inventées ou perfectionnées
» depuis cinq ans pour les besoins si variés, si multipliés
» de nos ateliers de filage, de tissage de corderie, de cor-
» donnerie, de navigation, etc... Un exemple seulement :
» Dans un des ateliers cachés de Paris, on frappe des
» boutons métalliques avec figures en relief, armoiries,
» devises, emblèmes, au moyen d'une machine que la Mon-
» naie pourrait envier. Ces boutons, si parfaits et peu coû-
« teux, Birmingham, le célèbre Birmingham, la cité de
» Vulcain par excellence, en achète pour les revendre. Enfin,
» des souverains d'Amérique montrent leur discernement
» en faisant battre une monnaie fort distinguée dans notre
» atelier de boutons. Voilà, parmi beaucoup d'autres, un
» progrès de nos arts mécaniques.

» Des progrès relatifs, plus rapides encore, appartiennent
» à l'industrie métallurgique, laquelle donne à toutes les
» autres des instruments de travail et des moyens de
» succès.

» Lors de la dernière Exposition, la France ne possédait
» guère que 200 lieues de chemins de fer; elle en possède
» aujourd'hui 750. Le législateur a voulu que l'industrie na-
» tionale se mît à l'œuvre pour produire l'énorme quantité
» de fer et d'acier nécessaire à de si grandes entreprises.
» Nous avions des usines de premier ordre dont les fers
» étaient imparfaits; habilement corrigés, ces fers sont de-
» venus excellents pour les rails ou voies métallurgiques.
» Ils ont cessé d'être cassants et n'ont rien perdu de leur
» rigidité.

» Par une heureuse combinaison de minerais et par une
» action plus savante et plus régulière de l'air chaud, l'on
» obtient tantôt une fonte d'une admirable douceur, tantôt
» des fers flexibles, à ce point qu'on a pu les plier à la mé-
» canique, quoique du plus gros volume, pour tous les
» besoins de construction de locomotives, de tenders, de
» voitures et de navires à vapeur. Ces fers présentés à
» l'Exposition avec les machines destinées à les courber,
» comme des bois ramollis à la vapeur, ont excité l'admi-
» ration publique.

» Le même sentiment naissait à la vue de l'infinie variété
» des ouvrages exécutés en fonte, depuis les énormes masses
» qui servent de plates-formes à nos grands mécanismes
» jusqu'à ces empreintes finies et gracieuses qui disputent
» le prix à celles de Berlin pour la délicatesse et la pureté
» des formes et des contours.

» La forge du fer n'a pas produit des résultats moins re-
» marquables. On a vaincu, dans ce genre, des difficultés
» de premier ordre pour forger les arbres des grandes ma-
» chines à vapeur et pour exécuter les grandes roues des
» locomotives; le moyeu de ces roues forme avec la base
» des rayons une masse unique consolidée à force d'art.

4.

» Un autre morceau de forge, digne des plus grands éloges,
» c'est un mortier d'artillerie en fer d'un volume considé-
» rable et travaillé d'une seule pièce avec sa semelle.

» Si nous sortons des grandes fabrications pour aborder
» les industries qui produisent une foule d'objets en fer,
» en acier, partout nous trouvons la preuve de perfection-
» nements récents qui, désormais, nous placent au niveau
» des peuples les plus avancés dans l'art de mettre en
» œuvre les métaux.

» Notre supériorité continue dans l'invention et l'exécu-
» tion des instruments de chirurgie.

» Nos armes de guerre et de luxe réunissent au bon mar-
» ché comparatif la beauté, la richesse et la précision.

» Nous savons aujourd'hui transformer en acier de toute
» nature les fers propres à donner de bons produits. Nous
» avons reconnu qu'avant tout, c'est la qualité du fer qui
» donne la qualité de l'acier.

» Nous revendons avec avantage à l'Angleterre des aciers
» empruntés d'elle et transformés en ressorts de montres,
» et d'horloges, et de voitures. Nous disputons à l'Allemagne
» la fabrique des faulx, des faucilles, des limes et des
» râpes.

» Non-seulement nous faisons bien ces instruments ; nous
» les faisons à 15, à 16, à 20 0/0 meilleur marché qu'en
» 1845, et nous procurons à l'ouvrier, au même rabais, son
» marteau, sa hache, sa bêche et tous ses autres outils ;
» rendus meilleurs, ils lui permettent de faire plus de tra-
» vail et d'accroître le prix de sa journée en dépensant
» moins de force.

» Permettez, Monsieur le Président, que les seuls vrais
» amis des ouvriers, les amis de leur travail applaudissent
» à ce rapide et grand perfectionnement.

» Après le fer et l'acier, le zinc désormais tient le pre-
» mier rang parmi les métaux utiles au plus grand nombre
» d'industries. Ses usages s'étendent à tout ; on l'emploie
» tour à tour en feuilles planes, en cylindres, en fils étirés ;

» pour les beaux-arts, le bas-relief, la ciselure et la sculp-
» ture du zinc le disputent aux industries d'utilité plus
» commune.

» La galvanoplastie multiplie le miracle de ses applica-
» tions d'un métal sur l'autre, avec des variétés et des succès
» incessants, et le fer galvanisé multiplie ses usages.

Les Arts chimiques

« Une part importante des progrès métallurgiques appar-
» tient à la troisième des sciences qui dirigent l'industrie.

» La chimie mériterait un autre organe pour faire digne-
» ment apprécier la grandeur de ses bienfaits. Je m'inspi-
» rerai du moins des pensées émises au sein du Jury par
» un successeur des Chaptal et des Berthollet, le Jury cen-
» tral est fier de voir le même ministère occupé tour-à-tour
» à six mois d'intervalle, par ses deux vice-présidents, dont
» les travaux ont manqué, la place éminente, le premier
» pour l'agriculture, le second pour l'industrie qui lui doit
» tant d'applications de la science aux arts chimiques.

» La fabrication des produits chimiques qui joue le rôle
» le plus important dans notre commerce intérieur, a pris
» rang parmi les branches considérables de notre exporta-
» tion. Les produits exportés, en y comprenant les médica-
» mens, les parfums et les teintures préparées, ces produits
» qui n'atteignaient pas 10 millions il y a seulement un
» quart de siècle, surpassent aujourd'hui 25 millions, et cet
» accroissement a été, malgré la diminution prodigieuse du
» prix, occasionnée par l'application même des procédés
» scientifiques.

» Un exemple à l'appui de cette assertion.

» En 1817 lorsque nous ne faisions usage que d'outremer
» naturel, il coûtait 1,900 francs le kilog. Aujourd'hui que
» la chimie sait produire cette magnifique couleur elle en

» a rabaissé le prix de 1,900 à 10 francs le kilog., voilà ses
» miracles.

» En extrayant du quinquina sa partie vraiment médicale,
» elle obtient avec de bien moindres doses, de plus grands
» effets fébrifuges, et préserve les malades des obstructions
» occasionnée par le dépôt des parties ligneuses dans le
» tissu des intestins. Non seulement la France en fabrique
» pour son usage, mais, chaque année, elle en vend à
» l'étranger pour près d'un million.

» La chimie ne se contente pas, pour rendre service à la
» pharmacie d'emmieller les bords du vase ; elle transforme
» le breuvage même afin d'en ôter l'amertume

» En recherchant le principe d'action de chaque médica-
» ment, elle s'efforce de le dégager, comme la quinine, des
» matières étrangères qui lui donnent trop souvent une abo-
» minable saveur, ou tout au moins d'en neutraliser l'à-
» creté. C'est ainsi qu'à l'eau de sedlitz, elle substitue un
» citrate de magnésie qui fait disparaître l'âpre et repous-
» sant arrière goût d'une eau salutaire, non point à cause,
» mais malgré se détestable saveur.

» La chimie produit de tout autres merveilles par l'em-
» ploi de ses gaz éthérés. Elle ôte à l'homme le sentiment
» de la douleur, et fait disparaître avec la souffrance, l'hor-
» reur des opérations auparavant plus redoutées pour le
» supplice de leur durée que pour leurs suites, dussent-elle
» être mortelles.

» Avec le chlore, la chimie purifie l'air ; avec le carbone
» elle purifie l'eau par l'ébullition à vases clos, elle rend
» conservables les aliments les délicats pendant des années ;
» aujourd'hui le lait même est conservé pour les naviga-
» tions les plus lointaines.

» Il y a six ans une princesse de Naples devait aller au
» Brésil, où l'attendait une couronne d'Impératrice Elle re-
» çut de France deux-cent repas préparés par l'art d'un
» chevet et conservés par la chimie d'un Appert, afin de ser-
» vir chaque jour à la mer, tout ce que les tables les plus

» soupçueuses pourraient désirer, à terre, de primeurs re-
» cherchées et d'aliments dans leur fraîcheur. Voilà la vie
» délicieuse et salubre subsituée à la subsistance à la fois
» repoussante et scorbutique du navigateur, je ne dis pas
» du moyen-âge, mais du siècle dernier.

» Un mot de plus. Cette recherche de prince, la marine
» militaire, la pratique pour le simple matelot malade à
» bord, même en santé, nos marins ni consomment plus que
» des boissons toujours pures et salubres par la substutition
» des caisses en fer aux tonneaux en bois.

» La chimie a perfectionné depuis la dernière Exposition,
» l'art d'extraire de l'eau de mer avec un minimum de com-
» bustible, un maximum d'eau parfaitement pure. Désor-
» mais pour le commerce c'est la houille et non pas l'eau
» qu'il est avantageux d'embarquer dans les voyages de
» long cours où la cargaison est complète et d'un prix
» considérable Afin d'embarquer ce combustible dans
» le moindre espace avec le poids le plus grand, on prend
» les débris, le poussier de la houille ; on la mélange avec
» le goudron extrait de la même substance, l'orsqu'on la
» transforme en coke. Le mélange, sous une pression puis-
» sante prend la forme d'énormes briques rectangulaires
» qui s'empilent qui s'arriment sans la moindre perte d'es-
» pace : le perfectionnement sera précieux surtout pour les
» navires à vapeur.

» Par une industrie analogue et simultanée ou réduit en
» corps de cylindre, les poussiers de charbon de bois, avec
» un très-grand avantage pour les ménages du peuple.

» L'emploi récent de la houille au lieu du bois, réduit de
» trois-quarts les frais de cuisson de nos porcelaines. Notre
» faïence fine dite *Porcelaine opaque*, par des améliora-
» tions successives, égale enfin les plus beaux types anglais.

» Une industrie bien modeste en apparence, la fabrica-
» tion de boutons en porcelaine, est l'objet des procédés les
» plus ingénieux ; un fabricant de Paris en fait 1,440,000 par
» jour à 2 centimes la douzaine.

» Des progrès remarquables signalent nos grandes fabri-
» ques de cristaux dont la taille est désormais parfaite. Un
nouveau genre de moulage permet d'obtenir le dernier fini
» de l'exécution pour les ornemens en bas-relief, les figu-
» res en ronde bosse et les garnitures de vases.

» L'emploi récent de l'acide borique procure des verres
» bien supérieurs pour la pureté de la teinte, aux plus cé-
» lèbres produits de la Bohême. Cet article permet de subs-
» tituer à l'oxyde de plomb l'oxyde de zinc ou la baryte,
» et la soude à la potasse, sans que la blancheur du verre
» ou du cristal en soit altérée. Il y a plus : l'oxyde de zinc
» promet à l'astronomie, à la navigation, des verres d'une
» exquise transparence qui feront faire des pas nouveaux
» à la science.

» C'est au contraire en affaiblissant la translucidité des
» vitraux que nous atteignons la magie d'effet des anciennes
» et célèbres verreries ; Ces magnifiques ornemens des Tem-
» ples chrétiens.

» Les services les plus récents qu'ait rendues la chimie
» aux industries civiles appartiennent au blanchiment, à la
» teinture des tissus et des fils.

» On a retiré de chaque matière colorante, empruntée
» soit aux végétaux, soit aux animaux, leur principe colo-
» rant dans toute sa pureté.

» C'est ainsi qu'on forme les laques appliquées plus aisé-
» ment et sans en perdre un atôme pour la coloration. La
» chimie a pareillement perfectionné l'art d'appliquer les
» couleurs si bien préparées.

Les Arts producteurs de Tissus.

« Depuis quelques années l'esprit inventif des fabricants
» de tissus a produit les étoffes mélangées les plus élé-
» gantes. La teinture et l'impression, que nous pratiquons
» avec tant de supériorité, doublent la valeur de ces fabri-

» cations, qui méritent si bien leurs noms de nouveautés ou
» d'étoffes printanières.

» Dans cette charmante industrie, une difficulté considé-
» dérable se présentait lorsqu'il fallait mettre en couleur
» les étoffes composées de fils végétaux, tels que le coton,
» le chanvre et le lin, et les fils fournis par le règne animal,
» tels que la laine et le duvet de chèvre. Le mordant qui
» doit fixer la teinture ne devrait pas être le même pour
» les deux natures de fil; la coloration du tissu mixte se
» trouvait ainsi déparée. La chimie a conçu la pensée ingé-
» nieuse d'inprégner des fils végétaux d'une substance
» azotée; on a pour ainsi dire animalisé leur surface; par
» ce moyen, l'on a réduit le tissu des deux espèces de fil à
» subir avec un égal avantage l'action d'un seul et même
» mordant. Nos étoffes mélangées, si variées et si riches
» aujourd'hui, ont acquis par ce moyen plus d'éclat et de
» beauté.

» Pour le blanchîment, dont la science moderne appar-
» tient au génie de Berthollet, l'action du chlore portée à la
» perfection, un dernier pas était à faire. Il restait inhé-
» rente aux fibres végétales une résine qu'il fallait enle-
» ver par l'action d'un corps similaire; c'est ce qu'on a
» fait avec un succès complet.

» La différence est infime entre les impressions sur des
» tissus simplement blanchis au chlore et sur des tissus
» traités par les deux actions combinées. Les couleurs ne
» s'infiltrent plus des parties couvertes de couleur dans les
» parties réservées; par ce moyen, les impressions ac-
» quièrent la netteté rigoureuse de dessin au tire-ligne.

» Le tire-ligne lui-même, plus ou moins ouvert et mul-
» tiplié, suivant l'écartement et l'épaisseur des lignes à
» colorer, posé transversalement et fixe, colore successi-
» vement le plus long rouleau de tissus ou de papier blanc
» qu'un mécanisme fait passer sous le tire-ligne immobile.
» C'est le type le plus simple et le plus parfait de l'alliage
» des arts géométriques et des arts chimiques.

» Par un autre procédé, la couleur est saisie par les mo-
» lettes, qui déposent sur les tissus ou les papiers à ten-
» ture de larges traînées de couleurs, ou pareilles ou di-
» verses. La capillarité des surfaces imprégnées fait que
» les couleurs s'étendent, s'adoucissent comme des ombres
» cylindriques sous le pinceau de l'architecte qui figure
» le fût d'une colonne cannelée. On obtient de la sorte des
» impressions à nuances dégradées avec la régularité qu'on
» admire dans les couleurs successives de l'arc-en-ciel.

» Je dois signaler un dernier perfectionnement qui s'ap-
» plique à notre plus brillante industrie, chaque fil de soie
» est imprégné d'une gomme laissée à sa surface par l'in-
» secte filateur ; c'est cette gomme qui, subissant avec le
» temps l'action de l'atmosphère, jaunit la soie la plus
» blanche. On a conçu la pensée d'en délivrer *à priori* le
» fil même au moyen d'une légère dissolution alcaline. Par
» là les beaux ornements de nos palais et de nos temples
» conserveront leurs parties sans teintures dans tout l'éclat
» de leur blancheur.

» Par l'effet que je viens de signaler, les satins et les ve-
» lours, cette partie si coûteuse des parures opulentes, per-
» daient promptement la perfection de sa blancheur. La
» beauté d'aspect de ces magnifiques tissus durera désor-
» mais autant que les étoffes mêmes.

» Que l'opulence conserve ou ne conserve pas ses ve-
» lours et ses satins, ce n'est pas là ce qui me touche ;
» mais avec la même chimie, qui va rendre ce service à la
richesse, voyez quels miracles elle accomplit pour la
» modeste aisance. Sur un tissu de longue laine serré,
» croisé, solide et chaud, on imprime avec des couleurs
» qu'on dirait empruntées à l'Inde, les dessins les plus
» exquis qu'on envierait aux châles de l'Orient ; à trois pas
» vous distingueriez à peine cette impression d'un tissu fait
» à Cachemire ; seulement au lieu de coûter 500 fr. le
» mètre, elle se vend, à la grande gloire de Nîmes et de
» Mulhouse, pour 5 fr. au plus le mètre carré. Quand on ne

» tient pas à la perfection du luxe, on se procure encore
» un joli châle pour 2 fr. 50.

» Dans les marchés, dans les apports de nos villages,
» combien de fois j'ai mesuré le progrès du confort et de
» l'élégance champêtres, en comparant les parures de cha-
» que âge, depuis les arrières grands'mères jusqu'aux plus
» jeunes adolescents ; comme cachet du bon vieux temps,
» c'est le pauvre petit mouchoir en gros calicot qui, sous
» prétexte de carreaux ou d'un filet coloré, empruntait à
» l'Orient le nom présomptueux d'indienne. Comme cachet
» des jours modernes, c'est le simulacre des châles Ter-
» naux, imités par la peinture élégante de la jolie mousse-
» line de laine ou sur d'autres tissus légers, tout cela ne
» cessant pas d'être à la portée des moins cossues parmi
» nos jeunes paysannes ; et la parure toute entière, bas,
» robes, tulles, dentelles de coton avec des rubans qui
» semblent n'être que de soie, tous les produits plus
» voyants et moins coûteux les uns que les autres. Si j'osais
» ajouter à ce luxe, pour la Galathée du village, deux bou-
» cles d'oreilles en topaze, en émeraude, en rubis, cristal-
» lisées à Paris à 10 fr. la poignée, il n'y aurait qu'un
» joaillier enfin en vrai qui pouvait douter un moment que
» cet ensemble gracieux ne fut pas digne d'un peuple qui
» fait descendre le bon goût et l'élégance jusqu'à la simpli-
» cité du hameau.

» Qu'on cesse de nous accuser d'attacher peu de prix au
» bon marché.

» Lorsque le premier Consul inaugura la seconde année
» de notre siècle par l'exposition d'une industrie qu'il fai-
» sait revivre en restaurant l'autorité des lois et des mœurs,
» le célèbre Fox profita de la paix d'Amiens pour visiter la
» France et connaître ses arts. Il choisit un humble couteau
» à six liards comme un des plus importants produits du
» peuple, dont il avait défendu la grandeur et les droits
» même au milieu des passions les plus hostiles contre nous
» dans le Parlement d'Angleterre.

» Quand les successeurs de Fox nous feront l'honneur
» de nous visiter, ils auront autre chose que l'humble
» *eustache* à rapporter dans leur pays. Si l'industrie natio-
» nale voulait présenter, passez-moi le mot, sa boutique à
» dix sous, à cinq sous, à deux sous, ce n'est pas sur l'étal
» roulant d'un pauvre colporteur qu'elle en pourrait resser-
» rer l'admirable variété. C'est une vaste partie du palais
» de l'Exposition qu'il aurait fallu pour remplir inclusive-
» ment, et la patrie en eut souri par amour de ses enfants
» les plus nombreux.

» Cependant, de même que l'esprit humain se croirait
» pauvre s'il ne vivait que d'alphabets à cinq centimes,
» pour rester à la portée des intell'gences que fatiguerait
» une lecture moins bornée ; de même aussi l'industrie d'un
» peuple élégant et riche croirait descendre de sa puissance
» et de sa splendeur si nous n'avions à dire en sa faveur
» qu'elle se borne à fabriquer les produits de l'Etat à cinq
» centimes.

» C'est le caractère admirable de notre industrie perfec-
» tionnée qu'elle passe avec le même succès des produits
» les moins coûteux à ceux qui marquent les limites de
» l'invention, de la richesse et du goût le plus délicat ; sou-
» vent aussi c'est à marche contraire que suit le progrès
» des arts.

» L'esprit humain obéit au besoin incessant de vaincre
» des difficultés, de s'élever au-dessus de lui-même et de
» franchir les bornes qu'il vient d'atteindre. Sans cesse il
» veut donner aux produits des arts, comme à ceux de la
» pensée, un nouveau prix, une perfection inconnue. Sur
» les pas du génie marchent ensuite les imitateurs, les sim-
» plificateurs qui propagent l'invention, la vulgarisent et la
» mettent à portée des moindres fortunes.

» Voyez la fabrication des plus beaux tissus imités de
» l'Orient ! Lorsque l'expédition d'Egypte eut rapporté quel-
» ques châles de cachemire, qui paraîtraient bien pauvres
» aujourd'hui, l'on fut ébloui de leur éclat, de leur beauté,

» de leur richesse. Vingt ans plus tard, un fabricant auda-
» cieux, Ternaux, voulut les imiter dans ce qu'ils offraient
» de plus élégant et de plus somptueux. Il eut bientôt, en
» grand nombre, des élèves et des rivaux. A chaque expo-
» sition, les châles de l'exposition précédente étaient sur-
» passés, et pour ainsi dire mis en oubli par des produits
» plus grands, d'un tissu plus fin, plus régulier, d'un des-
» sus plus riche et de couleurs mieux contractées. L'Inde,
» à son tour, attaquée par une rivalité qu'elle n'avait jamais
» connue, et lancée par nous dans la voie du progrès, elle
» nous emprunte nos dessins orientaux, elle agrandit, elle
» embellit, elle perfectionne ses châles. Pour conserver sa
» supériorité commerciale, elle est réduite à baisser ses
» prix en raffinant son ouvrage. Vaincue sous le point de
» la régularité des fils, de l'égalité des fonds, l'avantage
» qu'elle conserve pour ses ornements produits avec la
» patience des dentelles aux fuseaux, c'est de lutter en
» payant 40 centimes par journée de ce travail contre les
» Français, qui paient 2, 3 et 4 francs par jour, leur main-
» d'œuvre à la Jacquart ; une foule d'industrie ont profité
» de la création du beau cachemire français, la bourre de
» soie, la laine, le coton substitué à la laine de la chèvre
» du Thibet, ont imité la fabrication modèle ; enfin la tein-
» ture est venue rivaliser avec le tissage.

» Par les conquêtes successives, le cachemire, avec ses
» palmes fantastiques et son luxe de couleurs, est descendu
» des épaules de la duchesse à celles de l'ouvrière, majes-
» tueux pour la grande dame, gracieux et gai pour la
» beauté populaire.

» Le coton qui, par excellence, est la matière économi-
» que, le coton dans sa mise en œuvre, a suivi la même
» marche. Sans cesse on a composé, modifié des Mull-Jeny
» et des métiers plus précis, plus délicats jusqu'à rivaliser
» avec l'horlogerie avancée. On est arrivé jusqu'à présenter,
» comme à l'Exposition de 1849, des fils réguliers, égaux
» et d'une si grande finesse, qu'il en faut *quatre cent*

» *trente cinq mille mètres* (la distance de Paris à Lyon)
» pour le poids d'un seul kilogramme.

» Lorsqu'une industrie s'élève si haut, ce n'est plus pour
» elle qu'un jeu d'obtenir du fil parfaitement régulier à
» deux cent mille, à cent mille, à cinquante, à vingt-cinq
» mille mètres le kilogramme, fils avec lesquels nous fabri-
» quons à des prix sans cesse réduits le tulle, la mousseline,
» la percale, le jaconas et le simple calicot.

» L'usage des tissus de laine avait énormément souffert
» par la préférence accordée aux tissus de coton d'un bon
» marché toujours croissant. La nécessité de se défendre a
» produit le succès de l'industrie des lainages On a créé
» des étoffes nouvelles et très légères de laine pure ou mé-
» langées d'un coton caché sous la trame, pour obtenir le
» bon marché. Un avantage précieux de cette espèce de
» tissu est de conserver la chaleur mieux qu'aucune étoffe
» purement végétale. C'est ainsi qu'ont été créées ces gra-
» cieuses mousselines qui se prêtent aux sinuosités harmo-
» nieuses qu'on admire dans les draperies des statues anti-
» ques et qui s'adaptent merveilleusement à l'ampleur des
» robes modernes, sans avoir la raideur compassée des
» étoffes du moyen âge.

» Voilà quelques caractères des progrès infinis que l'art
» des tissus a faits en France. Pour une foule de ces produits
» nous ne craignons aucune concurrence Depuis la der-
» nière Exposition, nous avons égalé les piquées, les basins
» si renommés de l'Angleterre ; nous égalons aussi et ses
» foulards et ceux de l'Inde. Nous fabriquons avec succès
» d'autres étoffes auparavant supérieures de beaucoup dans
» les ateliers de nos rivaux.

» Le même génie supérieur qui devinant l'avenir propo-
» sait un prix à la découverte la plus utile, fait avec la
» pile voltaïque, offrait, promettant solennellement, un mil-
» lion à l'inventeur d'un moyen de filer le lin à la mécanique.
» Il n'était plus là pour payer cette dette de la France, lors-
» que Philippe de Girard eut conduit jusqu'au succès l'admi

» rable invention qui résolvait le grand problème L'Angle-
» terre, moins négligente que nous, a, la première, profité
» de la découverte. Elle a pris l'avance sur les autres na-
» tions, et par ce moyen s'est emparée d'une très grande
» partie de leur commerce de toiles ; elle en exporte au-
» jourd'hui pour 80 millions francs par an.

» Nous avons repris tardivement l'invention sortie de la
» France, comme nous avons repris la fabrication du pa-
» pier sans fin, inventée par M. Didot ; nos manufactures,
» aujourd'hui, s'enrichissent, grâce au génie expatrié de
» de ces illustres Français.

» Monsieur le Président, ces vérités, vous pouvez les véri-
» fier au-dessus de vo're tête, dans ce Palais de justice, où
» vous voyez écrit : *Filature de lin* et *Philippe de Girard*.
» Comme la plupart des inventeurs, il est mort pauvre ; et
» la promesse de Napoléon, que n'a tenue aucun régime
» subséquent, cette promesse attend votre équité C'est le
» vœu sacré du jury que la patrie paie à l'orphelin sa dette
» d'honneur et de reconnaissance.

» Dans les cinq ans écoulés, de 1843 à 1840, l'accroisse-
» ment de nos ventes à l'étranger est plus grand que dans
» toute autre époque de même durée. Cet accroissement
» s'élève à 118 millions et demi.

» Mais ce qui doit frapper l'attention des esp its obser-
» vateurs, c'est que sur cette somme, la *seule industrie*
» des fils et des tissus exportés compte pour plus de 60 mil-
» lions de francs, malgré l'abaissement du prix si considé-
» rable depuis cette époque.

» Par conséquent pour cette belle industrie, la France
» tend plus que jamais à conquérir la place éminente ré-
» clamée par son génie sur les marchés de l'univers.

» Je me hâte d'aborder l'une des grandes et nouvelles
» parties de notre Exposition.

Arts agricoles.

« Pour la première fois, en 1849, on a réalisé la pensée
» d'appeler l'agriculture au grand concours de l'industrie
» nationale. La majorité de ces progrès ne pouvaient pas
» être exposée ; les juchères supprimées, les irrigations mul-
» tipliées avec intelligence dans la plupart de nos contrées,
» l'opération contraire, l'assèchement, le drainage des terres
» trop saturées d'eau, la composition, l'emploi, l'action des
» engrais savamment étudiée, et leurs masses fécondantes
» accrues par l'emprunt fait aux détritus de tous nos arts
» industriels, la culture capitale du froment qui, chaque
» année, prédomine davantage sur les cultures inférieures ;
» par là plus de peuple mieux nourri ; — l'intelligence et
» la propagation des assolements qui permettent d'obtenir
» de la terre le maximum des produits appropriés à nos
» besoins les plus variés ; ces grands progrès qui se déve-
» loppent sans intermittence depuis trente années ne pou-
» vaient figurer que par la pensée à l'Exposition.

» L'horticulture, plus heureuse, a pu nous offrir, pen-
» dant les trois mois d'été, ses fleurs et ses fruits les plus
» variés et les plus beaux, depuis les plantes nutritives
» jusqu'aux plantes d'agrément ou de curiosité ; jamais col-
» lection plus riche n'avait encore aussi puissamment fixé
» l'attention du public. Les pépiniéristes de la Seine et de
» Maine-et-Loire ont exposé leurs arbustes et les jeunes
» arbres rares que nous acclimatons en France. Nous ap-
» prenons l'art d'embellir la terre en respectant la grâce
» de ses formes, au lieu de la déparer par des tours de
» force. Les possesseurs de la grande et de la moyenne
» propriété combinent les cultures d'agrément et d'utilité,
» rivalisent avec ce que l'on appelle les jardins anglais et
» qu'il vaudrait mieux appeler par excellence les jardins
» de la nature.

» Les cultures exceptionnelles montrent la rare intelli-
» gence de certains cultivateu s français.

» Qui croirait que les lieux mêmes où le soleil ne pé-
» nètre jamais, nos carrières les plus profondes sont l'objet
» d'une importante culture qui fait sortir la richesse des
» détritus de la pierre excavée. On nous a signalé, par ki-
» lomètres d'étendue, des plates bandes souterraines où
« croissent des champignons qui, chaque année, se ven-
» dent à Paris pour des sommes étonnantes. Le temps nous
» manque ici pour expliquer les perfectionnements aussi
» nombreux qu'essentiels des instruments aratoires.

» Les connaisseurs ont jugé, d'après l'Exposition, les
» races les plus importantes de nos animaux domestiques :
» les unes, conservées dans leur beauté primitive ; les au-
» tres, améliorées par le croisement avec les espèces étran-
» gères qui méritent le mieux la célébrité.

» Nous applaudissons aux efforts tentés pour nourrir en
» grand les moutons à longue laine dans nos contrées, où
» le climat humide et doux se rapproche du climat de nos
» voisins d'outre-mer ; c'est un des besoins capitaux des
» arts bestiaires ; l'étude économique des moindres êtres
» vivants influe sur l'agriculture. L'enthomologie, par un
» procédé nouveau des plus simples, a sauvé de la des-
» truction nos vignobles les plus riches, autrefois dé-
» solés par la pyrole.

» A côté de l'éducation des animaux les plus importants,
» nous comptons l'éducation des vers à soie, qui, depuis
» quelques années, prend une grande extension ; sans
» pouvoir suffire aux besoins croissants de l'admirable in-
» dustrie que se partagent Lyon, Nîmes, Avignon, Saint-
» Étienne et Saint-Chamont.

» Nous voudrions que le possesseur d'un secret, qui n'est
» connu jusqu'ici que par des résultats d'une admirable
» beauté, mais d'une étendue trop restreinte, justement
» désintéressé, fît connaître au public l'art au moyen
» duquel il conserve une espèce de vers à soie dont la

» blancheur est égale à tout ce que les produits les plus
» exquis de la Chine offrent de plus éclatant.

Les Produits de l'Algérie

  » Auprès de notre agriculture, celle de l'Afrique est ve-
» nue se présenter avec modestie, et je dirais presque avec
» timidité ; mais ici tout est à l'avenir, tout doit attirer
» l'attention la plus profonde, et du financier impatient de
» rentrer dans les trésors versés sur la terre africaine, et de
» l'homme d'État, qui veut savoir ce qu'il trouvera de force
» croissante sur un territoire qui ne présente pas moins
» de 30 millions d'hectares à cultiver, à peupler, à for-
» tifier.
  » Fidèles à nos idées de justice et d'égalité, nous n'avons
» pas cru que nous puissions juger avec deux poids, et
» récompenser avec deux mesures les Français et les
» Arabes. Si quelque chose a fait pencher notre balance
» indulgente, c'est que la main du conquérant surtout
» doit s'ouvrir et s'étendre en faveur d'un peuple conquis.
  » Le même esprit d'équité fait émettre, par le jury cen-
» tral, à l'unanimité, le vœu que les produits de l'Algérie
» soient traités sur le même pied que s'ils appartenaient à
» la mère patrie. Osez faire ce présent à notre grande
» colonie, et vous l'aurez plus fécondée qu'en y prodiguant
» des millions qui nous épuisent. Alors l'unité nationale,
» empruntant la grande idée d'un grand roi : *Entre les deux*
» *Frances d'Europe et d'Afrique il n'y a pas de Méditer*
» *ranée*, à l'appel du génie français, le génie de l'Arabe se ré-
» veille en faveur de l'agriculture. Les indigènes offrent
» leurs contributions pour que nos ingénieurs leur cons-
» truisent des barrages qui règlent leurs torrents, et des
» puits artésiens dont les eaux fertilisent leurs vallées. Ils

— 81 —

» cherchent à renouveler ces irrigations dont ils ont les
» premiers enseigné les miracles à l'Espagne.

» Depuis la paix de 1847, aux lieux où l'arrosage est
» possible, les Arabes obtiennent d'une seule semence
» deux récoltes de blés dans un même été. Voilà la terre
» par excellence, le *tellus* d'autrefois, le *tellus* d'aujour-
» d'hui, qu'*Atlas* ne portait pas sur ses épaules, mais qu'il
» fécondait de ses eaux pour nourrir Rome et Carthage.

» Les oliviers séculaires du petit Atlas fournissent déjà
» par an 15 millions de litres d'huiles, qu'on apporte des monts
» de la Kabylie ; de cette Kabylie, qu'on voulait ici croire
» inaccessible à nos armes, et qu'il était plus périlleux d'at-
» taquer dans nos chambres que dans ses Alpes. Les tribus
» qui nous barraient le passage, et qu'a domptées un il-
» lustre maréchal, nous prient déjà (leur prière est d'août
» dernier) de construire un pont à leurs frais pour com-
» mercer de Sétif à Bougie, c'est-à-dire par la mer avec la
» France.

» Si la dernière épidémie n'avait pas fait éprouver à la
» patrie sa perte la plus cruelle, parmi les récompenses
» que vous allez décerner, monsieur le président, vous au-
» riez eu certainement la médaille d'or à remettre entre les
» mains de l'héroïque agriculteur, que j'ose appeler le
» *Cincinnatus français;* à celui que vous avez tiré de la
» charrue, il y a six mois, pour vous aider à sauver la
» patrie ; à celui dont le génie cultivateur et colonisateur
» vivra sur la terre africaine aussi longtemps que le renom
» de ses victoires.

» C'est le maréchal Bugeaud qu'il faut nommer avant tout
» autre, quand on veut parler des travaux publics et des
» travaux privés en Algérie. Les villages improvisés, les
» terres arrachées aux palmiers nains, sont son œuvre et
» celle de ses soldats ; les desséchements de la Mitidja,
» l'assainissement de Bône, les créations de Philippeville et
» de Stora ; Sétif, relevé sur les fondements de Bélisaire,

» et le port de Cherchell, restauré sur le tracé des Césars ;
» tout se rapporte à son ardeur infatigable.

» De lui datent les cultures des Français que vous allez
» récompenser aujourd'hui.

» Cent hectares de pépinières nationales repeuplent l'Al-
» gérie, soit en espèces régénérées sur le sol qui leur est
» propre, soit en espèces apportées par l'industrie métro-
» politaine. Déjà nos routes, nos rues, nos remparts d'Al-
» gérie, sont plantés d'arbres sortis de ces pépinières ; des
» vergers sans nombre leur doivent la richesse et la va-
» riété ; pour l'éducation du ver à soie, 600,000 mûriers,
» plantés par la main des vainqueurs, croissent avec la rapi-
» dité phénoménale d'un sol africain, lorsque les eaux
» mettent la terre au service du soleil.

» Les soies cultivées par nos colons sont appréciées et
» d'avance retenues par nos fabriques de Lyon, de Nîmes
» et de Paris.

» La régie reçoit des tabacs jusqu'à présent un peu
» plus chers ; mais lorsqu'on les met en parallèle des con-
» tributions payées par nos colons, qui consomment
» avant tout nos produits indigènes, c'est un encourage-
» ment judicieux et bien calculé.

» A peine, lors de la dernière Exposition, l'Algérie
» livrait quelques mille kilogrammes de tabac en feuille ;
» elle en livre aujourd'hui 300,000 kilogrammes. Que le
» gouvernement dise un mot, et ce sera 30 millions, et
» nos marins les porteront en France, sans être écrasés par
» une concurrence américaine. Sur 150,000 kilomètres
» avantageusement cultivés, 150 suffiraient à ce grand ré-
» sultat.

» A présent, la cochenille est élevée avec assez d'étendue
» pour garantir le succès de cette riche éducation, la plus
» importante après celle des vers à soie

» La culture du coton se développe à son tour en espèces
» estimées.

» Enfin, les deux agricultures d'Afrique et de France

» offriront ce contraste singulier, que le nord de la France
» cultivera surtout la betterave pour en extraire le sucre,
» et l'Algérie, la canne à sucre, pour l'employer comme
» fourrage.

» Je m'arrête, et je crois en avoir dit assez pour signaler
» les produits agricoles de notre puissante conquête de-
» puis 1841, et l'avenir qu'elle présente à l'activité fran-
» çaise. Il nous suffira de marcher dans la même voie,
» guidés, à la fois, par le courage et le génie.

» Un mot à présent sur les produits industriels de l'Al-
» gérie, avant d'achever le tableau des progrès métropo-
» litains.

» La province d'Oran, plus ravagée que les autres par
» les Marocains, les Kabyles et la Smala d'Ab-del-Kader, est
» la première à réparer ses désastres en appelant le con-
» cours de nos arts; puis vient Alger, puis Constantine.
» Avec les dons de l'État, joints aux ressources indigènes,
» sur un grand nombre de points s'élèvent les mosquées,
» les caravansérails, les foudouks, les écoles musulmanes, les
» habitations des Caïds et les simples maisons d'Arabes;
» plue de 2,000 constructions érigées pour les indigènes,
» ou par eux ou par nous, sont un résultat obtenu depuis
» la dernière pacification.

» Contemplez les effets de ces admirables concours! Au
» lieu de la haine implacable du fanatisme des musul-
» mans contre la domination chrétienne, c'est un muphti,
» celui d'Oran, qui, pénétré de gratitude et mu par le vrai
» sentiment de la nationalité, recueille les produits de l'in-
» dustrie arabe et les fait parvenir à l'Exposition de 1849.
» Le jury est heureux de récompenser l'industrie des in-
» digènes dans la personne d'un pontife de l'islamisme,
» nommé par ses coreligionnaires conseiller municipal
» d'Oran.

» Les Arabes du moyen âge nous ont donné leurs chiffres
» si simples et leur admirable système décimal; nous le
» leur rapportons fécondé par l'utilité commune, par

» les mesures décimales de notre système métrique.
» Déjà plusieurs tribus les ont acceptées avec reconnais-
» sance et substituées aux leurs Les Arabes nous envient
» nos moulins hydrauliques, empruntés à l'Orient il y
» a dix siècles, et nos moulins à vapeur qui s'érigent
» auprès des cités. Ils envoient à ces moulins des blés
» qu'auparavant leurs femmes, réduites au rôle des an-
» ciennes esclaves de Rome, écrasaient péniblement en-
» tre des meules grossières. Ces femmes apprennent ainsi
» que leur sort est changé, leur labeur adouci, leur con-
» dition relevée par l'industrie de la France. En attendant
» notre vie conjugale qu'elles envient, elles adoptent déjà
» plusieurs de nos vêtements, en échange des burnous au
» blanc de neige, des écharpes étincelantes et des bracelets
» élégants qu'à Paris même n'a point dédaigné le goût dé-
» licat qui dicte ses lois aux parures du monde entier.

» Vous aurez une médaille pour récompenser la beauté
» d'un voile, tissé par la compagne d'un caïd, aux confins
» les plus reculées du cercle de Constantine ; c'est le caïd
» lui-même qui nous a fait parvenir le voile élégant de
» celle qu'il aurait autrefois ensevelie sous le sable de son
» désert, plutôt que de laisser entrevoir à des giaours
» l'ombre de ses vêtements.

» Quand les cités, Bône, Mascara, Tlemcem, quand
» les tribus les plus lointaines, atteintes par notre justice,
» recevront les récompenses que nous leur avons accor-
» dées, peut-être elles comprendront peu ce qu'est un
» jury central ; mais elles savent à merveille un de ces
» noms qui sont de toutes les langues, et la médaille trans-
» mise par le neveu de Napoléon prendra pour eux l'éclat
» de la gloire elle-même.

» Passant des vêtements aux équipages de guerre, nous
» avons examiné les armes damasquinées, comme on les
» travaillait à Damas ; puis le harnais oriental, des che-
» vaux, sur lequel resplendit le maroquin d'Algérie, sil-
» lonné d'arabesques d'or : ces ouvrages nous ont rappelé

» les ateliers de Grenade et de Cordoue, quand l'Alhambra
» recevait sous ses portiques les conquérants venus d'Afri-
» que et d'Asie.

» Voilà pour les métiers et pour les arts de notre
» conquête.

Les Arts de l'Industrie parisienne

» J'ai sacrifié jusqu'ici les arts d'agrément et les beaux-
» arts aux pratiques des arts de simple utilité. C'est de
» Paris surtout qu'il me resterait à décrire les industries
» merveilleuses, et le temps m'oblige à supprimer le ta-
» bleau qui les résume. Un mot du moins avant de finir,
» je ne dis pas sur la beauté, mais sur la grandeur de l'in-
» dustrie parisienne.

» La Chambre de Commerce de Paris achève, en ce mo-
» ment, une admirable enquête sur les travaux de l'in-
» dustrie de la capitale. Les résultats obtenus prouvent que
» je reste au-dessous de la vérité, lorsque j'exprime un fait
» qui, j'en suis certain, ne sortira plus de votre mé-
» moire.

» Dans Paris et la Banlieue, les habitations de 1 million
» de citoyens ne couvrent pas 3,000 hectares ; mais ce
» million d'individus, par son talent et son industrie,
» donne aux matières que ses bras mettent en œuvre une
» plus-value qui surpasse le produit complet de 8 millions
» d'hectares de terre. Si l'on voulait partager les produits
» de l'agriculture et des ateliers entre tous les Français, il
» faudrait que Paris, prenant sur sa part, apportât à la
» masse des autres *copartageux* plus de 5 millions des
» hectares réalisés, fécondés par le génie, et s'appauvrît
» des deux tiers.

» Un Gracchus pouvait dire à la plèbe de Rome antique,
» plèbe misérable et dépourvue d'industrie : « Vous êtes

» le peuple-roi , et vous n'avez pas où reposer votre tête,
» et le pain que vous mangez vous est donné par pitié sur
» les récoltes des conquis ; » on peut dire au peuple de
» Paris : « Vous gagnez noblement, courageusement. au
» prix de votre travail, tout ce que peut produire la terre
» de trois royaumes, tels que la Bavière, la Saxe et le Por-
» tugal ; c'est le génie de l'industrie qui fait de vous un
» peuple-roi. »

» Ce qu'il y a d'admirable dans cette opulence de Paris ,
» de Paris paisible et respectant les conditions de sa pros-
» périté, c'est qu'elle a pour résultat certain de donner
» l'aisance et la vie à tous nos agriculteurs de cent lieues,
» de deux cents lieues à la ronde Le vigneron du Médoc
» et de la Bourgogne, le pâtre des Alpes et des Pyrénées,
» l'éleveur de la Vendée et de la Lorraine, le laboureur de
» cinquante départements, tous ressentent, par des contre-
» poids inévitables, et le bien-être et la misère de Paris.
» Si, dans le moment où je parle, l'agriculture nationale
» éprouve encore une profonde gêne, c'est que, l'année
» précédente et l'hiver dernier, la capitale a souffert une
» misère qui surpasse toute croyance : trois cent mille de
» ses producteurs, le tiers de sa masse , étaient réduits,
» pour subsister, à recevoir 18 centimes par jour, triste
» valeur de son pain à bas prix. Vous le voyez, pour ac-
» complir le parallèle avec la République romaine, on les
» traite en citoyens romains et pauvres. Ce n'est pas tout :
» les centaines de millions supprimées du travail, n'allant
» plus vivifier les marchés de nos provinces, terres, bois,
» vignes, prés et cultures industriels, tout périssait de mi-
» sère, hélas ! et tout languit encore, dans nos bourgs et
» dans nos hameaux, comme un malade qui revient de
» l'agonie à la longue convalescence.

» Que les habitants de nos campagnes les plus re-
» culées se pén trent donc bien de cette vérité, trop
» souvent déniée par un étroit esprit d'envie : Si Paris
» a pour premier marché la France, et pour second

» l'univers civilisé , nos quatre-vingt-cinq départements
» ont pour marché le plus riche et le plus certain, la capi-
» tale elle-même. Richesse et bonheur, tout est solidaire
» entre la tête et les bras de la France.

» Par conséquent, tout ce qu'on fait avec tant d'activité
» pour exciter, je l'ai vu, le journalier de la campagne à
» s'enrichir par une autre voie que le travail, à se partager
» le bien d'autrui, à fouler aux pieds la prospérité , la ri-
» chesse et les lois de la patrie, ces excitations ouvertes,
» audacieuses, impunies, qui sont grosses, sachons-le bien,
» de Jacquerie et de Gallius, c'est Paris qu'elles frappe-
» raient au cœur, c'est Paris qu'elles rendraient plus que
» jamais, par les leçons du malheur, au saint respect de la
» loi, de la famille et de la prospérité.

» En abordant malgré moi le tableau de nos malheurs et
» de nos pertes, je touche au dernier mérite de notre in-
« dustrie nationale. Lorsque le héros du siècle, qui con-
» naissait si bien les hommes, voulait en juger un nou-
» veau , il demandait simplement pour peser son ca-
» ractère : « *Sait-il monter à la brèche de son État?* »

» Monsieur le président, les cinq mille exposants, ap-
» pelés dès 1848 au grand concours de l'industrie, luttaient
» tous contre la fortune pour échapper à la ruine, quand
» ils ont entendu cet appel. Ces produits admirables qu'ils
» ont placés sous vos regards, à l'issue du grand combat
» que l'ordre ait jamais livré contre l'anarchie, ils les ont
» fabriqués sur la brèche de leur État. Honneur donc, hon-
» neur à leur courage autant qu'à leur patriotisme!

» J'exprimerai, pour ces travailleurs intrépides, le sen-
» timent de la plus douce gratitude envers notre arche-
» vêque révéré, qui bénit aujourd'hui les produits honorés
» du travail honnête. Quand le choléra sévissait sur la ca-
» pitale et diminuait l'affluence des étrangers visiteurs de
» l'Exposition, vous alliez, au contraire, monseigneur, vi-
» siter, consoler les infortunés dans les foyers les plus re-
» doutables de l'épidémie. Votre charité bravait la mort,

» en conservant les traditions d'une religion, où, depuis
» saint Denis jusqu'à celui qui sera éteint dans cent an-
» nées, le martyre est offert comme enseignement su-
» prême ; le martyre, qui, pour sauver la société sur le
» bord de l'abîme, ressuscite la foi !

» J'arrive au terme de ma tâche, en suppliant mes
» auditeurs de m'excuser si j'ai trop longtemps abusé de
» leur bienveillance. Je serais le plus heureux des mortels,
» et ce moment serait le plus beau de ma vie, si j'avais pu
» faire passer dans vos esprits la conviction qu'il existe
» une France plus éclairée, plus heureuse, plus progres-
» sive, plus grande, en un mot, qu'on ne le croit vulgai-
» rement.

» J'ai tenté de montrer les sciences s'alliant au génie de
» nos travailleurs de tous les degrés, pour reculer, dans
» toutes les directions, les bornes de l'industrie ; pour
» accroître la puissance nationale par les produits aug-
» mentés et perfectionnés des arts de la paix et des arts de
» la guerre ; pour consoler, pour soulager l'humanité souf-
» frante, par des inventions admirables ou des applica-
» tions ingénieuses ; pour travailler en faveur des petites
» existences beaucoup plus qu'en faveur des grandes ;
» pour faire descendre sur tous les objets qui sont l'orne-
» ment et la douceur de la vie, la beauté, l'élégance et la
» commodité, depuis l'opulence jusqu'à la moindre ai-
» sance ; pour armer la main de l'ouvrier d'outils meil-
» leurs, propres à faire plus d'ouvrage avec moins de la-
» beur, en les payant meilleur marché ; pour agrandir,
» pour étendre notre commerce avec l'unives ; enfin, pour
» rendre à la civilisation des services que la publicité, la
» libéralité de nos institutions offrent en présent à tous les
» autres peuples.

» Jamais, jamais, dans un même espace de cinq années,
» nous n'avions obtenu de résultats si multiples, si grands
» et si glorieux.

» En présence de tels services rendus à toutes les classes,

» et surtout les plus nécessiteuses, pour déclarer le der-
» nier mot, le mot vrai, le verdict des hommes éminents
» et consciencieux auxquels on a confié le jugement des
» hommes, qui, pour arriver à ce mot final, n'ont pas craint
» de sacrifier dans les plus pénibles travaux cinq mois de
» leur existence, je dirai :

» Au nom du grand jury de l'industrie nationale, sur
» notre âme et conscience, devant Dieu et devant les
» hommes, nous déclarons, à l'unanimité, que cette in-
» dustrie, si calomniée, si menacée, a bien mérité non-
» seulement de la patrie, mais du genre humain tout
» entier. »

EXPOSITIONS UNIVERSELLES

S'il appartient à l'Angleterre d'avoir, la première, ouvert une Exposition universelle, c'est à la France que revient l'honneur de cette pensée civilisatrice.

En 1849, le ministre Thouret proposa un concours auquel seraient admis tous les producteurs de toutes les contrées, non-seulement de l'Europe, mais encore des autres parties du monde. Ce vaste projet n'eut pas d'écho parmi nos industriels. Les uns, insouciants, ne se montrèrent pas empresssés ; les autres, égoïstes travaillant exclusivement à leur fortune personnelle, craignirent qu'une comparaison de leurs produits avec ceux des pays étrangers ne leur portât préjudice ; d'autres encore, plus patriotiques peut-être, mais mus par un sentiment d'amour-propre national exagéré, appréhendèrent qu'en raison des événements qui venaient de s'accomplir, le concours ne fût pas favorable à notre industrie.

Les craintes de ces derniers n'étaient pas justifiées, sans nul doute, car lorsqu'un progrès a été incessant comme celui que notre industrie avait fait depuis la fondation de l'institution des Expositions industrielles, un concours universel ne pouvait avoir d'autre effet que d'établir aux yeux du monde entier notre supériorité incontestable. Aussi est-il à regretter qu'on n'ait pu vaincre ces appréhensions imaginaires. Que les conséquences fâcheuses qui en ont été la suite retombent sur ceux-là seulement qui n'ont pas répondu à l'intention du gouvernement.

En exécution d'un décret en date du 3 janvier 1850, la première Exposition universelle eut lieu à Londres en 1851.

dans la promenade de Hyde-Park, où le gouvernement anglais avait fait construire un palais, dit Palais de Cristal. Cet immense édifice, élevé sur les plans de Paxton et sous la direction des architectes Henderson et Fox, formait un parallélogramme mesurant 564 mètres de longueur sur 139 mètres de largeur, et couvrait, avec toutes ses dépendances, une surface de près de 100,000 mètres.

On put y visiter les produits de toutes les industries possibles, envoyés de tous les points du globe par dix-huit mille exposants.

L'industrie française était représentée par environ trois mille exposants, parmi lesquels un très-grand nombre obtint des médailles de toutes classes.

La solennité de cette grande fête, l'enthousiasme général qu'elle avait excité, l'avantage réel que nous avions obtenu, firent regretter à nos producteurs leur première opposition à l'exécution du projet conçu par le ministre Thouret, opposition qui nous a privés de l'honneur d'une bien grande initiative.

Heureux encore, sommes-nous, d'avoir pu réparer, autant qu'il était possible, cette faute attribuable à l'insouciance, à l'égoïsme et à la faiblesse de nos industriels, en ouvrant, quatre ans plus tard, un concours également universel, qui surpassa en solennité celui de 1851.

Par un décret du 8 mars 1853, il fut décidé qu'une Exposition universelle serait ouverte en 1855 à Paris, et elle fut inaugurée, le 15 mai de cette année, par l'Empereur Napoléon III, au palais de l'Industrie.

Le palais des Champs-Élysées a été construit sur l'ancien carré Marigny, d'après les plans de l'architecte Viel; il forme un parallélogramme de 250 mètres sur 108 mètres; sa superficie est de 50,000 mètres environ, mais avec des constructions adjointes, telles que l'annexe à la Rotonde, il couvrait, en 1855, près de 124,000 mètres.

Ce monument subsiste encore, et sert à des Expositions

nationales soit d'horticulture, soit d'agriculture, soit des
œuvres de nos artistes-peintres vivants, etc.

L'organisation de l'Exposition universelle fut confiée à
une commission composée d'hommes éminents, présidée
par Son Altesse impériale le prince Napoléon, qui, le jour
de l'ouverture, adressa à l'Empereur le discours suivant,
dans lequel sont développés les moyens mis en œuvre pour
rendre ce grand concours intéressant pour le visiteur, efficace pour l'exposant, double but, disons-le, qui fut complétement rempli :

« Sire,

» L'Exposition universelle de 1855 s'ouvre aujourd'hui,
» et la première partie de la tâche que vous nous avez
» donnée est rempli.

» Une Exposition universelle, qui, en tout temps, eût été
» un fait considérable, devient un fait unique dans l'his-
» toire par les circonstances au milieu desquelles celle-ci
» se produit. La France, engagée depuis un an dans une
» guerre sérieuse, à huit cents lieues de ses frontières,
» lutte avec gloire contre son ennemi. Il était réservé au
» règne de Votre Majesté de montrer la France digne de
» son passé dans la guerre, et plus grande qu'elle ne l'a
» jamais été dans les arts de la paix. Le peuple français
» fait voir que, toutes les fois que l'on comprendra son
» génie et qu'il sera bien dirigé, il sera toujours la grande
» nation.

» Permettez-moi, Sire, de vous exposer, au nom de la
» Commission impériale, le but que nous avons voulu at-
» teindre, les moyens que nous avons employés, et les
» résultats que nous avons obtenus.

» Nous avons voulu que l'Exposition universelle ne fût
» pas uniquement un concours de curiosité, mais un grand
» enseignement pour l'agriculture, l'industrie et le cem-
» merce, ainsi que pour les arts du monde entier. Ce doit

» être une vaste enquête pratique, un moyen de mettre les
» forces industrielles en contact, les matières premières à
» portée du producteur, les produits à portée du consom-
» mateur ; c'est un nouveau pas vers le perfectionnement.
» cette loi qui vient du Créateur, ce premier besoin de
» l'humanité, et cette indispensable condition de l'organi-
» sation sociale.

» Quelques esprits ont pu s'effrayer d'un pareil concours,
» et ont naguère cherché à le retarder ; mais vous avez
» voulu que les premières années de votre règne fussent
» illustrées par une Exposition du monde entier, suivant
» en cela les traditions du premier Empereur, car l'idée
» d'une Exposition est éminemment française ; elle a pro-
» gressé avec le temps, et, de nationale, elle est devenue
» universelle.

» Nous avons suivi nos voisins et alliés qui ont eu la
» gloire du premier essai ; nous l'avons complété par l'appel
» aux beaux-arts.

» Votre Majesté a constitué la Commission impériale le
» 24 décembre 1853. Notre premier travail a été le règle-
» ment général que vous avez approuvé par décret du
» 6 avril, qui est devenu la loi constitutive de l'Exposition,
» et qui comprend une nouvelle classification que nous
» croyons plus rationnelle.

» L'accord le plus parfait a régné entre les membres de
» la Commission, et je suis d'autant plus heureux de le
» constater, que les tendances, les opinions et les points de
» départ de mes collègues étaient très différents La diver-
» sité d'opinions nous a éclairés sans nous entraver : l'im-
» portance de notre mission a écarté tout dissentiment.

» Deux précédents nous ont naturellement guidé : les
» Expositions françaises et l'Exposition universelle de 1851.
» Quelques modifications ont cependant été apportées ; elles
» sont toutes dans un sens de liberté et de progrès.

» Nous avons établi pour l'Exposition un tarif douanier
» exceptionnel d'où le mot *prohibition* a été effacé. Tous

» les produits exposables sont entrés en France avec un
» droit *ad valorem* de 20 0/0. Nous avons trouvé le plus
» bienveillant concours dans la direction des douanes, et
» j'espère que nos hôtes étrangers emporteront une bonne
» impression de leurs relations avec cette administration.

» La même libéralité a été appliquée dans les transferts
» dont nous avons pris les frais à notre charge depuis la
» frontière.

» Enfin, par une innovation hardie, qui n'avait pas été
» faite à Londres, les produits exposés peuvent porter l'in-
» dication de leur prix, qui devient ainsi leur élément sé-
» rieux d'appréciation pour les récompenses. Tous ceux
« qui s'occupent de questions industrielles comprendront
» combien ce principe est important et quelles peuvent en
» être les conséquences, malgré certaines difficultés d'ap-
» plication.

» Dans les beaux-arts, deux systèmes se présentaient :
» fallait-il faire une Exposition pour les œuvres, sans se
» préoccuper de savoir si les artistes étaient morts ou vi-
» vants, ou pour les artistes, en n'admettant que les œu-
» vres des vivants ?

» La première idée a été soutenue ; elle répondait peut-
» être mieux au programme qui voulait un concours de
» l'art au dix-neuvième siecle ; elle n'a cependant pas été
» adoptée, à cause des difficultés d'exécution qu'elle sou-
» levait.

» Nous avons accueilli sans révision toutes les œuvres
» des artistes étrangers admises par leurs Comités ; nous
» n'avons été sévères que pour nous-mêmes. La tâche
» d'un jury d'admission est difficile et ingrate, surtout dans
» une Exposition universelle où les principes des Exposi-
» tions ordinaires n'étaient plus applicables, où le jury avait
» à choisir les armes de la France dans cette lutte qui gran-
» dissait.

» L'insuffisance du bâtiment nous a suscité des difficultés
» sérieuses. La construction d'un édifice ayant été écartée,

» il a fallu nous installer dans le palais de l'Industrie, dont
» les inconvénients viennent de ce qu'il n'a pas été établi
» en vue d'une Exposition aussi vaste

» Nous tenons à le dire hautement à Votre Majesté et à
» l'Europe, le concours des exposants a été si grand, que
» la place nous a manqué, malgré les 117,840 mètres carrés
» de superficie, sur lesquels 53,900 mètres de superficie ex-
» posable.

» Obligés de recommander aux Comités d'admission une
» grande réserve, nous ne pouvions nous en départir qu'à
» mesure qu'il nous était permis de disposer d'un peu plus
» d'emplacement. Ce défaut d'ensemble dans le commence-
» ment des opérations a nui à la régularité et à la justice
» des admissions, et a rendu encore plus difficile la tâche
» des Comités locaux, auxquels je me plais à rendre hom-
» mage pour le concours qu'ils nous ont prêté.

» Des retards fâcheux ont eu lieu dans les travaux, mal-
» gré l'activité et l'intelligence de leur direction ; mais on
» avait vraiment trop présumé de ce qu'il était possible de
» faire. Ce vaste et splendide palais a été construit en moins
» de deux ans, et n'est pas encore complétement terminé ;
» nous avons pensé que le meilleur moyen d'en presser
» l'achèvement était d'y installer l'Exposition, dont l'ou-
» verture ne pouvait plus être retardée.

» La séparation du bâtiment affecté aux beaux-arts a
» tout d'abord été reconnue indispensable, et cette cons-
» truction provisoire a été achevée à l'époque fixée. A me-
» sure que l'Exposition prenait du développement, on dé-
» cidait une construction nouvelle. Pendant que j'étais en
» Orient pour le service de la France et de Votre Majesté,
» une annexe de 1,200 mètres de long, sur le bord de la
» Seine, a été établie. Cette annexe, qui contient les
» machines en mouvement, sera terminée dans quinze
» jours.

» Depuis quelques semaines seulement, le Panorama a été
» reconnu indispensable ; il doit être entouré d'une vaste

» galerie qui mettra en communication le bâtiment prin-
» cipal avec l'annexe, et qui sera prête avant un mois.

» Alors l'Exposition sera complète.

» Dans notre pays, c'est habituellement le gouvernement
» qui se charge de toutes les grandes entrepriess ; pour ar-
» rêter l'exagération de cette tendance, Votre Majesté a
» donné un grand essor à l'industrie privée. La Compa-
» gnie, à laquelle l'exploitation du palais de l'Industrie a
» été concédée, devait trouver dans le prix d'entrée la ré-
» munération du capital employé à la construction : de là
» nécessité d'un prix d'entrée ; nous avons cependant sau-
» vegardé, autant que possible, les intérêts du peuple en
» obtenant que, les dimanches, l'entrée fût réduite à
» 20 centimes.

» Nous pouvons, dès à présent, grâce au catalogue, fait
» avec une grande activité, indiquer le nombre des expo-
» sants ; il ne s'élèvera pas à moins de 20,000, dont 9,500
» pour l'Empire français, et 10,500 pour l'étranger.

» La puissance que nous combattons, elle-même n'a
» pas été exclue. Si les industriels russes s'étaient pré-
» sentés en se soumettant aux règles établies pour toutes
» les nations, nous les aurions admis, afin de bien fixer la
» démarcation à établir entre les peuples slaves, qui ne
» sont point nos ennemis, et ce gouvernement dont les
» nations civilisées doivent combattre la prépondérance.

» A la fin de l'Exposition, quand nous proposerons à
» Votre Majesté les récompenses à décerner, nous pour-
» rons juger les résultats de cette grande Exposition, que
» nous prions Votre Majesté de déclarer ouverte. »

Pendant six mois, des millions d'étrangers, venus de
bien loin, purent visiter, au palais de l'Industrie, les produits envoyés par 22,000 fabricants de tous pays.

Nous n'entreprendrons pas ici de parler, même d'une
manière générale, des objets qui y furent exposés ; vouloir
les décrire ou les comprendre tous, sans exception, dans
un compte rendu, serait une utopie, tant le nombre en était

considérable. Ce que nous pouvons affirmer, c'est que ceux qui, jusque-là, s'étaient plu, pour entretenir l'émulation, à démontrer notre supériorité et notre influence sur l'industrie étrangère, n'étaient pas des optimistes : cette Exposition universelle est venue corroborer leurs assertions.

La cérémonie de la distribution des récompenses, accordées au nombre de 10,564, dont 146 décorations de l'ordre de la Légion d'honneur, eut lieu le 15 novembre ; elle fut solennelle ; l'Empereur y assista, et le prince Napoléon lut le rapport suivant, rédigé par les membres du jury sur les résultats de l'Exposition :

« Sire,

» Il y a six mois, à l'ouverture de l'Exposition, j'ai eu
» l'honneur de soumettre à Votre Majesté le résumé des
» travaux accomplis par la Commission que je préside ,
» pour l'exécution de la première partie de sa mission.

» A cette époque. on pouvait ne pas prévoir le succès qui
» vient de couronner nos efforts. L'opinion publique était
» frappée, avant tout, des difficultés de la situation Une
» guerre lointaine et acharnée, un siége opiniâtre, sans
» précédent dans l'histoire, attiraient au loin les regards
» inquiets du pays. Mais, dans notre patrie, les chances de
» succès se mesurent à la grandeur des entreprises. Votre
» Majesté poursuivit tranquillement son but ; ses prévisions
» se sont réalisées ; l'ennemi , qui comptait déjà autant de
» défaites que de rencontres avec notre glorieuse armée, a
» enfin été chassé de la ville de Sébastopol, tombée de-
» vant la valeur de nos soldats ; notre marine s'est emparée
» de chaque point de la côte qu'elle a jugé utile d'attaquer.
» L'alliance des peuples unis contre la barbarie ne s'opé-
» rait pas seulement sur les champs de bataille : la souve-
» raine de la Grande-Bretagne, par sa présence au milieu
» de nous, a donné un gage éclatant du sentiment de la
» nation anglaise, et le faisceau militant de la civilisation

» s'est accru d'un peuple petit par son territoire, mais
» grand par les hauts faits de ses ancêtres et par son
» avenir.

» Cependant, à l'intérieur, l'Exposition étalait un spec-
» tacle digne des grands faits qui se passaient au dehors
» de la France. Ici également, les premiers pas ont ren-
» contré de nombreuses difficultés. Le classement des pro-
» duits du travail de tant de nations, représentées par
» vingt-cinq mille exposants, a nécessité un zèle tout par-
» ticulier, des soins constants et minutieux, qui ont fini
» par tirer l'harmonie de la confusion, et ont permis au
» travail de poursuivre en pleine lumière ses études, et de
» signaler les œuvres marquantes de l'industrie et des
» arts.

» Les âpres rivalités, les haines internationales naissent
» de l'isolement; il suffit souvent de rapprocher les peu-
» ples pour éteindre ces haines. Sous ce rapport, l'Expo-
» sition universelle a produit un immense résultat.

» De tous les coins du globe, les visiteurs ont afflué à
» Paris. Le spectacle des progrès réels, accomplis dans la
» voie du bien-être moral et matériel, a développé parmi
» tous, étrangers et Français, des sentiments de considéra-
» tion pacifique.

» C'est ainsi que se propage la fraternité des peuples

» Voilà ce que peuvent, dans cette France restituée à sa
» mission, la volonté et la persévérance appuyées sur le
» droit qui soutient et sur la force qui exécute les idées
» conformes à la conscience du pays et à la vraie opinion
» publique.

» J'ai soumis à Votre Majesté une série de décrets con-
» cernant l'installation et les travaux du jury international.
» Ce jury comprend 390 membres divisés en 31 classes et
» 8 groupes; il est composé d'hommes éminents de tous les
» pays et dans toutes les branches du savoir humain. Ce
» jury a consciencieusement et utilement rempli sa mis-
» sion, si diverse, si étendue, si compliquée

» L'indépendance la plus complète a été laissée aux jurés,
» et je me plais à revenir sur l'idée exprimée déjà d'une fa-
» çon générale, et à la confirmer d'un fait que je dois signa-
» ler à l'honneur de l'esprit de notre époque. Parmi ces re-
» présentants de tant de peuples, il ne s'est certainement pas
» manifesté plus de dissidence internationale qu'il n'y en
» avait jadis entre nos provinces de France.

» De l'émulation partout et toujours, de la rivalité nulle
» part. Aussi voyons-nous l'esprit qui animait cette honora-
» ble assemblée se traduire en faits d'une grande portée, et
» qui donnent, pour ainsi dire, la mesure des conséquences
» que produira successivement l'Exposition universelle de
» Paris.

» Un vœu unanime a été émis pour l'introduction de l'u-
» niformité des monnaies et des poids et mesures ; des liens
» sérieux se sont formés pour amener l'Europe à ne former
» qu'une grande famille, ainsi que le prédisait l'Empereur
» votre prédécesseur.

» Les travaux du jury ont été poussés avec une infatiga-
» ble activité ; tous les rapports seront publiés avant la fin
» de l'année.

» Appelé à la présidence du Conseil des présidents et
» vice-présidents, j'ai cru devoir m'y préparer en suivant la
» trace du jury international.

» Accompagné de quelques hommes dévoués et savants,
» j'ai examiné ces détails, les œuvres remarquables des ar-
» tistes et les produits de l'industrie. J'ai su aussi me rendre
» compte de la grandeur du progrès réalisé dans le présent
» et de ses conséquences prochaines.

» Les difficultés sérieuses, impossibles même à trancher
» d'une façon absolue, se sont présentées à l'occasion de la
» classification et de la nature des récompenses à décerner.

» Dans l'industrie, le progrès de toutes les spécialités de
» la production est si général, de tous les points surgissent
» des mérites et des services si éclatants, que, si ce grand
» concours universel devait se renouveler, il serait impos-

» sible de décerner des récompenses individuelles, à moins
» de détruire totalement leur valeur par leur nombre. Aussi
» nous nous sommes vus forcer de fixer aux récompenses
» des limites qui peuvent paraître restreintes

» Les jurys de l'industrie, après des délibérations multi-
» ples et laborieuses ont eu l'honneur de recommander à
» Votre Majesté un certain nombre de distinctions. De plus
» ils ont voté :

  » 112 grandes médailles d'honneur
  » 252 médailles d'honneur.
  » 2300 médailles de 1re classe.
  » 3900 médailles de 2e classe,
  » 4000 mentions honorables.

» Dans les Beaux-Arts, le rôle du jury a été plus difficile
» et plus délicat encore. Je me suis abstenu d'y paraître, et
» n'ai fait que sanctionner ses choix. J'ai seulement témoi-
» gné le désir qu'il me fut permis de proposer à Votre Ma-
» jesté une haute distinction pour celui de nos artistes qui,
» suivant la glorieuse tradition des beaux siècles de l'anti-
» quité, a consacré toute sa vie et son talent au genre que,
» dans son opinion personnelle, je regarde comme le type
» du beau.

» Les récompenses décernées aux Beaux-Arts, sont ré-
» parties ainsi qu'il suit :

  » 40 décorations données par Votre Majesté.
  » 16 médailles d'honneur votées par le jury.
  » 67 médailles de 1re classe.
  » 87 médailles de 2e classe.
  » 77 médailles de 3e classe.
  » 222 mentions honorables.

» En décernant ces récompenses au travail, vous prouvez
» une fois de plus, Sire, que dans la France de nos jours,
» la vraie, la seule noblesse, se compose des soldats et des
» travailleurs qui se distinguent.

» L'appréciation juste de l'époque de l'Exposition univer-
» selle, époque qui, je l'espère, restera gravée dans l'his-

» toire, m'amène à pouvoir constater le rôle échu à la
» France et le triomphe qu'elle recueille en l'accomplis-
» sant. Au milieu des efforts et des sacrifices d'une grande
» guerre, au milieu des embarras d'une mauvaise récolte,
» elle a montré au monde sa force et sa richesse en ne se
» relâchant pas un instant des ses travaux pacifiques.

» Quelle est donc la source où elle a puisé ce redouble-
» ment d'énergie et de virtualité? Cette source, c'est le tra-
» vail libre mais incessant, cette grande loi de l'humanité,
» qui fait sortir l'homme de la sauvagerie et lui permet de
» s'acheminer sûrement vers les sommets de la civilisation.

» J'ajouterai, en empruntant des paroles célèbres, que
» le problème de l'avenir est *de faire partager à l'univer-*
» *salité ce qui n'est que le partage d'un petit nombre.* »

» La postérité constatera que nous sommes à une de ces
» époques où une révolution dynastique répond à un grand
» besoin de la société nouvelle. Les races vieillissant com-
» me les individus, et le suffrage universel devrait être la
» base du gouvernement appelé à conduire la France vers
» son nouveau but.

» Dès aujourd'hui, en contemplant les faits sans passions,
» sans préjugés, on peut dire que vous avez, Sire, donné à
» la France, de la gloire et du travail.

» Que ceux qui, uniquement préoccupes de venger leur
» impuissance s'évertuent à glorifier le passé et à repré-
» senter le peuple français comme des Romains de la déca-
» dence, en prennent bien leur parti : leurs efforts dans
» l'avenir seront frappés de stérilité comme ils ont été dans
» le passé.

» Les étrangers reporteront dans leur pays, avec le sou-
» venir de notre hospitalité, la conviction de tout ce que
» peut faire la France quand le sentiment national a rem-
» placé, dans son gouvernement, l'agitation stérile des am-
» bitions subalternes.

» Aujourd'hui, nous avons de nombreuses armées, des
» flottes redoutables, des alliés puissants ; Les peuples font

6.

» des vœux pour nos succès ; ils fêtaient nos victoires, ils
» acclament nos triomphes, et ils le font parce qu'ils savent
» que notre intérêt national est un intérêt Européen.

» A côté des résultats politiques de l'Exposition univer-
» selle, peut-être jugerez-vous, Sire, qu'elle doit être appe-
« lée à donner le signal de l'amélioration dans les condi-
» tions sociales.

» Le perfectionnement des méthodes et des instruments
» de travail généralise le progrès. Une sorte d'organisation
» naturelle s'établit entre tous les peuples et semble pousser
» à la modification de ce qu'il y a de trop restrictif dans
» les lois qui règlent leurs échanges.

» L'épreuve que vient de subir la France prouve qu'elle
» peut entrer dans cette voie, qui doit assurer l'intérêt du
» consommateur sans effrayer le producteur ni diminuer
» son travail.

» L'agriculture, qui excite à un si haut degré la solcili-
» tude de Votre Majesté, doit se féliciter des perfectionne-
» ments des machines ; peu à peu l'homme des champs s'af-
» franchit de la partie brutale de sa peine, et si, à côté de
» ces admirables engins qui vont élargir le domaine de sa
» liberté et de son intelligence, il est mis en possession du
» crédit, le plus puissant des instruments du travail, de ce
» crédit véritable, qui, dans le calme, diminue le mal au
» lieu de l'augmenter, nul doute que, sous peu, la situation
» de nos agriculteurs ne subisse une notable amélio-
» ration.

» Je ne fais qu'exprimer ici les idées dont Votre Majesté
» poursuit déjà la réalisation, et qu'elle a commencé à ap-
» pliquer.

» Il me reste un dernier et bien agréable devoir, c'est
» celui d'exprimer ici toute ma reconnaissance à Votre
» Majesté, qui a bien voulu me mettre à même de servir
» notre pays, dans la même année, sur les champs de ba-
» taille et dans le concours pacifique.

» Je tiens aussi à remercier hautement les hommes in-

» telligents et dévoués, qui m'ont secondé, et que j'ai tou-
» jours trouvés à la hauteur de leurs devoirs. »

À ce discours rempli de sentiments patriotiques, où l'éminent président du jury manifeste, à diverses reprises, l'espoir que notre industrie déjà progressante, progressera sans
cesse, et où il démontre que notre agriculture est spécialement entourée de la haute et bienveillante sollicitude du
gouvernement, ce qui permet de compter sur une amélioration certaine et rapprochée, l'Empereur répondit :

« Messieurs l'Exposition, qui va finir, offre au monde un
» grand spectacle. C'est pendant une guerre sérieuse que,
» de tous les points de l'univers, sont accourus à Paris,
» pour exposer leurs travaux, les hommes les plus dis-
» tingués de la science, des arts et de l'industrie. Ce con-
» cours, dans des circonstances semblables, est dû, j'aime
» à le croire, à cette conviction générale, que la guerre
» entreprise ne menaçait que ceux qui l'ont provoquée,
» qu'elle était poursuivie dans l'intérêt de tous, et que l'Eu-
» rope, loin d'y voir un danger pour l'avenir, y trouvait
» plutôt un gage d'indépendance et de sécurité.

» Néanmoins, à la vue de tant de merveilles étalées à
» nos yeux, la première impression est un désir de paix.
» La paix seule, en effet, peut développer encore les véri-
» tables produits de l'intelligence humaine ; vous devez
» donc tous souhaiter comme moi que cette paix soit
» prompte et durable. Mais, pour être durable, elle doit
» résoudre nettement la question qui a fait entreprendre la
» guerre. Pour être prompte, il faut que l'Europe se décide
» à déclarer qui a tort ou qui a raison ; ce sera un grand
» pas vers la solution. À l'époque de civilisation où nous
» sommes, les succès des armées, quelque brillants qu'ils
» soient, ne sont que passagers ; c'est, en définitive, l'opi-
» nion publique qui remporte toujours la dernière vic-
» toire.

» Vous tous donc qui pensez que les progrès de l'agri-
» culture, de l'industrie, du commerce d'une nation, con-

» tribuent au bien-être de toutes les autres, et que plus les
» rapports réciproques se multiplient, plus les préjugés na-
» tionaux tendent à s'effacer ; dites à vos concitoyens, en
» retournrnant dans votre patrie, que la France n'a de
» haine contre aucun peuple, qu'elle a de la sympathie
» pour tous ceux qui veulent comme elle le triomphe des
» droits et de la justice ; dites leur que, s'ils désirent la
» paix, il faut qu'ouvertement ils fassent au moins des
» vœux pour ou contre nous ; car, au milieu d'un grand
» conflit européen, l'indifférence est un mauvais calcul,
» et le silence, une erreur

» Quant à nous, peuples alliés pour le triomphe d'une
» grande cause, forgeons des armes sans ralentir nos
» usines, sans arrêter nos métiers ; soyons grands par la
» concorde, et mettons notre confiance en Dieu pour nous
» faire triompher des difficultés du jour et des chances de
» l'avenir. »

Ainsi qu'on a pu l'apprendre en lisant les deux discours
que nous venons de reproduire, le concours de 1855 était
ouvert à Paris, pendant que nos armées soutenaient en
Crimée « *un siége opiniâtre, sans précédent dans l'his-
» toire ;* » la même nation, qui soutenait une guerre acharnée dans une contrée lointaine, élevait en même temps,
dans sa capitale, un temple à la paix !

N'est-ce pas là, sinon la plus grande preuve, mais une
des plus grandes, de la puissance morale d'un pays libre,
et du désintéressement d'un peuple appelé à être grand
dans les arts de la paix, comme il l'est déjà dans les arts
de la guerre, et qui tient, au prix des sacrifices les plus
onéreux à établir la concorde sur des bases solides

En 1862, l'Angleterre, heureuse d'avoir fait le premier
pas, jalouse d'avoir été surpassée en 1855, ouvrit, pour la
deuxième fois, en 1862, une Exposition universelle, dont
l'inauguration fut célébrée le 2 mai au palais de Kensington, palais construit sur des plans plus vastes que ceux
qui avaient servi à l'exécution du palais de Cristal de Hyde-

Park ; mais ce monument était loin d'être , par son architecture, aussi gracieux que celui-ci ; construit en briques jaunes, il ressemblait plutôt à un grand fort ou à une vaste usine, qu'à un temple dédié à l'Industrie ; sa superficie, néanmoins, était considérable, et le concours des exposants répondit aux frais immenses occasionnés par l'organisation de cette troisième Exposition universelle.

Le nombre des exposants français fut d'environ 4,800, qui soumirent à l'examen des visiteurs des produits choisis et dignes de la plus grande admiration.

Si les Expositions nationales ont si puissamment contribué au progrès général, que notre industrie a fait depuis 1798, que ne peut-on espérer des résultats des Expositions universelles ; ne peuvent-elles rendre la perfectibilité possible, au profit de l'industrie des peuples civilisés, et ouvrir une ère nouvelle pour celle des peuples chez lesquels la civilisation ne fait que pénétrer.

« L'Exposition universelle n'est pas seulement un con-
» cours de curiosité, a dit le prince Napoléon, mais un
» grand enseignement pour l'agriculture, l'industrie et le
» commerce, ainsi que pour les arts du monde entier ;
» c'est une vaste enquête pratique, un moyen de mettre les
» forces industrielles en contact, les matières premières à
» portée du producteur, les produits à portée du consom-
» mateur, c'est un nouveau pas vers la perfection, cette
» loi qui vient du Créateur, ce premier besoin de l'huma-
» nité et cette indispensable condition de l'organisation
» sociale. »

En présence d'un tableau aussi fidèle des immenses avantages que peuvent procurer les Expositions universelles, combien devons-nous regretter de n'avoir été que les simples instigateurs de cette institution pour ainsi dire nouvelle ; c'était à nous, propagateurs persévérants et désintéressés de la civilisation moderne, qu'il appartenait de provoquer cette lutte pacifique dont les résultats, les bienfaits même, sont une victoire partagée, et l'affermissement des liens confraternels qui unissent les nations entre elles.

Qui sait si un jour les Expositions universelles répétées, n'amèneront pas une sorte de fusion de tous les peuples, en les invitant à une confiance et à une amitié réciproques. L'Empereur Napoléon III, pressentant cet avenir réalisable, tout utopique qu'il puisse paraître, disait à l'ouverture de l'Exposition de 1855 : « *J'ouvre avec bonheur ce temple de la paix, qui convie tous les peuples à la concorde.*

DEUXIÈME PARTIE

HISTOIRE ABRÉGÉE DE L'INDUSTRIE

TYPOGRAPHIE

Nous allons raconter l'histoire de l'invention par excellence, de l'imprimerie, dont on ne saurait complétement énumérer les bienfaits ; ainsi que le dit Gaudeau dans ses *Leçons d'Histoire générale*, « nous ferions des phrases » inutiles si nous voulions nous étendre sur les consé-» quences incalculables de la découverte de l'imprimerie, » et nous croyons devoir nous borner à lui attribuer la plus » grande part dans toutes les améliorations sociales, qui » ont presque changé totalement la manière d'être des » Occidentaux depuis environ trois siècles et demi. »

La propagation des connaissances et de la pensée était autrefois impossible ; dans l'ancien temps, on ne connaissait que les *volumina*, ou livres composés de plusieurs feuilles de papyrus ou de parchemin, collées ou cousues bout à bout et roulées sur des bâtons d'ébène, dont les extrémités étaient ornées de sculptures et de pierreries ou de métaux précieux. Ces livres étaient monographiés, et leur prix était tel, que les riches seuls en possédaient ; en outre, les exemplaires d'un même ouvrage étaient fort peu nombreux.

C'est bien longtemps après qu'on pratiqua l'impression tabellaire ; alors un ouvrage pouvait être reproduit un certain nombre de fois ; mais la confection des tables gravées était encore tellement coûteuse, que le prix des livres resta très élevé.

Enfin, en 1436, l'immortel Gudinberg ou Gutenberg, de Mayence, imagina de graver des caractères sur de petits morceaux de bois, et, aidé des conseils de Schœffer et des capitaux de l'orfévre Faust, il se livra à plusieurs essais qui furent couronnés d'un succès complet Alors le prix des livres devenait accessible à tous ; alors l'imprimerie marchait, projetant la lumière sur son passage, lorsque le calligraphe Schœffer vint compléter l'œuvre à laquelle il avait participé en inventant les caractères métalliques fondus. »

« L'imprimerie est un art si merveilleux, dit Gaudeau, » ses premiers produits excitèrent une admiration, ou pour » mieux dire, une stupéfaction si générale, que Faust ou » Fust, orfévre de Mayence, un de ses inventeurs, passa » pour être en commerce avec les êtres du monde invi-» sibles, soit bons, soit mauvais. Sept villes se disputèrent » l'honneur d'avoir donné le jour à Homère ; l'imprimerie, » qui a eu sur les destinées du monde une influence bien » autrement efficace que les conceptions du vieux Mélési-» gènès, méritait au moins un honneur pareil ; aussi Harlem » en Hollande, Mayence en Prusse et Strasbourg se dispu-» tent-elles la gloire d'avoir gratifié le genre humain de cet » inappréciable moyen de propager les connaissances et la » pensée. »

N'en déplaise aux habitants de Harlem et de Strasbourg, la majorité des historiens accorde à la ville de Mayence d'avoir été le berceau de l'invention de l'imprimerie ; cette ville bénéficia même seule pendant longtemps des nouveaux produits typographiques ; mais bientôt Rome reçut Udalric, Van Sawenheim et Arnold Pannaris, qui venaient fonder dans ses murs des imprimeries qui produisirent en peu de temps de beaux ouvrages, pendant que trois de leurs compatriotes, Gering, Grantz et Fribulger, appelés par les docteurs de la Sorbonne, venaient à Paris exercer leur noble profession. Peu de temps après, Lyon, Rouen en France, Londres en Angleterre, Bâle, Louvain, Genève en Suisse, Séville en Espagne, Florence en Italie, voulurent profiter de cette invention merveilleuse.

« Son extension, comme on le voit, fut rapide ; on était

» néanmoins encore trop près de l'époque de cette grande
» découverte pour apprécier ses immenses résultats , car
» qui sait si la cinquième ou sixième génération après nous
» ne verra pas des presses faire jaillir la lumière sur les
» bords encore déserts du Maragnon, de l'Orénoque, du Sé-
» négal ou de la Gambie, ou sur les plateaux de l'Altaï ? »
(Gaudeau.)

En 1531, nous possédions déjà une imprimerie modèle :
c'est celle que François Ier fonda au Louvre, et dont l'installation ne demanda pas moins de 400,000 francs, somme
alors exorbitante. Sous Louis XIII, elle publia en peu de
temps un grand nombre de volumes en langues mortes et
étrangères. Et aujourd'hui, grâce à une habile direction qui
ne lui a jamais fait défaut, cette imprimerie est devenue, ce
que nous la voyons aujourd'hui, une des premières imprimeries, sinon la première de toutes.

En matière de typographie, les caractères ne sont pas
seuls indispensables, ils nécessitent l'usage de presses
qu'on a beaucoup perfectionnées.

Les premières furent construites en bois, et ne tiraient
que trois ou quatre cents exemplaires ; on en fit en fer, dont
le tirage était à peine doublé. La première presse essentiellement mécanique fut inventée, en 1790, par un Américain Nicolson, et perfectionnée par Kœnig, Bauer et Cowper.
En 1795, l'Anglais Stanhope inventa une nouvelle presse
qui porte son nom, et dont il est encore fait usage dans les
imprimeries secondaires.

La presse mécanique qui répond le mieux aux besoins
actuels est celle dont l'invention est due aux travaux col-
lectifs de Joly, Caveaux, Normand et Marinoni, et à l'aide
de laquelle on peut livrer par jour 4,000 feuilles d'impression.

Ce chiffre considérable n'est pas le dernier qu'on ait obtenu ; aujourd'hui, dans les imprimeries des grands jour-
naux , on fait usage de presses qui fournissent 6,000,
12,000 et même 16,000 feuilles en moins de deux heures.

Pour ne pas entrer dans des détails très intéressants, il est vrai, mais trop longs, nous ne décrirons ni le fonctionnement compliqué de ces machines, ni le travail complexe des ouvriers qui les dirigent, nous allons parler seulement des caractères ou types.

Nous avons déjà dit que les premiers caractères furent en bois ; bientôt après, on en fit de métalliques ; nos fondeurs spéciaux ont acquis dans cette fabrication une grande habileté.

La confection des caractères est très minutieuse ; elle comprend la gravure et la fonte.

On grave les lettres en relief sur un *poinçon* ou tige d'acier longue de 4 centimètres ; ce poinçon est ensuite trempé, et, le posant du côté de la lettre sur un morceau de cuivre, on frappe sur l'extrémité opposée ; la lettre se grave en creux dans ce morceau de cuivre qui devient la matrice ; après avoir été rectifiée, cette matrice passe entre les mains du fondeur, qui l'adapte à un moule, dans lequel, à l'aide d'une cuillère, il verse le métal fondu ; il démonte le moule, et, retirée de la matrice, la lettre est soumise à trois opérations successives : la *frotterie*, la *composition* et l'*apprêt*, dont l'unique but est de remédier aux imperfections de la fonte.

C'est par ce procédé qu'on obtient le type *Diamant*, le plus petit ; le type *Perle*, etc. ; puis le type *Palestine*, le *Petit-Canon*, le *Trismégiste*, qui sont beaucoup plus forts, et enfin on arrive, par degrés, à la *moyenne en fonte*, qui est le plus grand.

Il existe à Paris une imprimerie très importante, dirigée par MM. Firmin Didot frères, qui, en 1839, exposèrent de magnifiques volumes imprimés avec des caractères d'une netteté indicible, fondus dans leurs ateliers.

Au même concours, M. Marcelin Legrand, de Paris, exposa des caractères chinois-mobiles, que, jusque-là, on gravait la plupart du temps ; la maison Laurent et Deberny produisit aussi des volumes d'une impression soignée ; en un mot, à cette Exposition comme à toutes les précédentes, on fut heureux de constater un nouveau progrès dans cette branche dont l'importance et l'utilité toute morales en font, comme nous l'avons dit, l'industrie par excellence.

En 1844, outre de nouveaux volumes dont l'exécution attestait les efforts persévérants des imprimeurs, on vit apparaître un appareil appelé à simplifier de beaucoup la main-d'œuvre en matière de typographie : c'était un compositeur mécanique inventé par MM. Young et Delcambre. Cet appareil avait la forme d'un piano droit, muni d'un clavier, et, en promenant les doigts sur les touches, on ouvrait des tubes-réservoirs pleins de caractères, qui, glissant dans des rainures, venaient se placer en une longue rangée, et un ouvrier s'en emparait alors pour en former les pages d'un volume ou les colonnes d'un journal. Cet appareil qui n'était qu'un essai, la première mise à exécution d'une idée fort ingénieuse, du reste, était imparfait ; mais en l'étudiant et le perfectionnant, MM. Young et Delcambre pouvaient avoir l'honneur de contribuer à abréger, dans une forte proportion, le travail du compositeur, et à rendre moins fréquentes ces erreurs inévitables, ces substitutions de lettres, que les ouvriers typographes désignent sous la singulière appellation de *coquilles*, et qui déparent souvent un ouvrage ou dénaturent le sens de plus d'un membre de phrase.

En 1855, tous les peuples civilisés, qui ont voulu profiter des bienfaits de l'imprimerie, tenaient à montrer le soin qu'ils apportaient dans cette industrie de premier ordre ; l'Angleterre, la Belgique, la Suisse, l'Autriche, la Prusse, la Hollande, le Danemark, la Saxe, la Sardaigne, le Portugal, voire aussi le Mexique, envoyèrent de beaux échantillons typographiques au pavillon d'honneur qui leur était consacré ; on put remarquer, entre tous, ceux qui sortaient de l'imprimerie de Vienne, qui, il est juste de le reconnaître,

était, avec notre imprimerie impériale, à la tête du mouvement progressif, si facile à constater.

Parmi les échantillons de l'imprimerie autrichienne, était
l'Oraison dominicale, imprimée en caractères romains et en
600 langues et dialectes.

Notre imprimerie impériale réimprima, pour l'exposer,
l'Imitation de J.-C., le même ouvrage qu'elle avait imprimé
sous Louis XIII, peu de temps après sa fondation ; ce livre
était, sans contredit, le plus beau de toute la collection.

Nous devons nommer aussi MM A. Leclerc, Bouchard-
Huzard, Lahure Charpentier, Delalain, H. Plon, dont les
travaux n'ont pas peu contribué au progrès de l'imprimerie
de ces ouvrages innombrables qu'on peut se procurer à si
bas prix. Nous citerons surtout M P. Dupont, qui, outre
des imprimés destinés aux administrations publiques dont
il est le fournisseur général, exposa aussi des volumes d'une
parfaite exécution. Dirigeant une des plus importantes imprimeries que nous ayons, M. P. Dupont excelle aujour-
d'hui dans l'art typographique, et a doté cette branche
d'heureuses innovations, telles que la reproduction des au-
tographes et l'imitation des anciens caractères à l'aide de
moyens de décalque qu'il a imaginés, et qui sont tout à la
fois simples et ingénieux.

La fonderie des caractères, aux progrès de laquelle se
rapportent nécessairement les progrès de l'imprimerie en
général, avait pour dignes représentants MM. Legrand et Cie,
Laurent et Deberny, Biesta et Laboulaye, Petit-Bon, Gallay
et Grignon, qui exposèrent des types, fondus ou gravés,
d'une exécution irréprochable.

Et enfin on put admirer la presse de M. Marinoni, à l'aide
de laquelle on peut tirer un journal à 6,000 exemplaires en
une heure. L'administration du journal anglais le *Times*
possède des presses typographiques supérieures aux nôtres,
mais leur prix est excessif; elles coûtent jusqu'à 180,000 fr.;
celle de M. Marinoni ne coûte que 16 000 francs.

En 1862, à l'Exposition de Londres, le succès fut grand

encore, et toutes les nations, qui, en consacrant leurs soins
à la typographie, comprennent l'avenir qui lui est réservé
et les résultats bienfaisants qu'elle apporte de jour en jour,
reçurent la récompense qui leur était due; encore une fois,
nous avons eu, en particulier à cette Exposition, la satisfaction de voir les éloges unanimes décernés à notre imprimerie impériale, qui, cependant, avait tout d'abord résolu
de ne pas prendre part au grand concours international;
mais à l'instigation du prince Napoléon, qui craignit avec
raison que cette abstention ne produisît un mauvais effet,
on revint sur cette décision inexplicable, et pour avoir été
préparé en quelques mois et imprimé à la hâte, l'ouvrage
qui fut admis à l'Exposition, édition illustrée des Evangiles,
n'en fut pas moins un chef-d'œuvre qui remporta, à juste
titre, tous les suffrages.

Que nous reste-t-il à désirer en typographie et quel perfectionnement peut-on indiquer? Il ne nous semble pas
possible d'aller au delà du degré de perfection qu'on a atteint en si peu de temps; il n'en pouvait pas d'ailleurs être
autrement; nos Imprimeurs, depuis les principaux jusqu'aux
plus petits, tous ont fait preuve d'une rare intelligence, qui
est pour nous, et doit être pour tous, le plus sûr garant de
la sollicitude dont l'imprimerie, cette reine de la civilisation, sera à jamais l'objet.

AGRONOMIE

L'agronomie comprend la nature du sol et des engrais ainsi que l'étude des végétaux ; des animaux, des climats et des saisons. Il est impossible de préciser l'époque de l'origine de l'agriculture dont les premiers éléments ont du être enseignés par le sol même, d'une fertilité inégale présentant des terrains de natures diverses. Bien lents furent les développements de cette science ; cependant l'homme, forcé par la nature de ses besoins, de demander à la terre son alimentation, pressentit quels trésors lui etaient offerts en échange d'un labeur bien entendu ; et alors se répandit cet art honoré à juste titre, dont les bienfaits tendent constamment a grandir le bien-être universel.

L'agriculture se divise en plusieurs branches ; la culture champêtre, l'horticulture, la sylviculture, l'architecture rurale et l'économie rurale.

Depuis un demi siècle environ, l'agriculture a progressé, non seulement en France, mais en Europe ; la culture raisonnée triomphe de la routine et, chez nous, de grands défrichements contribuent à augmenter les produits de deux tiers environ.

Les engrais viennent, presque partout renforcer les terrains peu généreux et les irrigations aidant, ont contraint la terre à se montrer prodigue.

L'application de la vapeur aux machines agricoles, a permis d'entreprendre de grands défrichements, et de pouvoir parer a l'insuffisance des bras, ce qui est un progrès réel.

Les machines employées ordinairement sont : La charrue, la herse, le rouleau, l'extirpateur, la machine à battre, etc.

L'invention de la charrue remonte à une époque fort reculée ; elle était connue des Égyptiens, des Phéniciens, des Grecs, des Chinois ; — dans l'origine, ce n'était qu'une pièce de bois recourbée dont une des extrémités entrait dans la terre. Cet instrument, aujourd'hui, se compose de sept pièces principales : Le coutre, le soc et le versoir agissant directement sur le sol en le labourant ; le sep, l'age, les manches et le régulateur dirigeant le mouvement de l'appareil ; la partie qui entre en terre se nomme *corps* de la charrue.

Une de nos meilleures charrues est due à Mathieu-de-Domballe, En Angleterre, en Écosse, en France, en Belgique, aux États-Unis, on inventa un grand nombre de systèmes qui, pour ingénieux qu'ils soient, laissent encore beaucoup à désirer.

A l'Exposition de 1844, M. Rosé en envoya une très-bien conditionnée, pouvant produire d'aussi bons résultats que celle de M. Mathieu de-Domballe, également exposée.

En 1849, on remarqua l'heureuse disposition du soc et du réservoir de la charrue de MM. Talbot frères (du Cher) ; et M. Libert présenta parmi un grand nombre d'instruments, de bonnes charrues.

Pour parer les sous-sols, ou tufs imperméables, M Pillier, constructeur à Lieusaint, présenta la charrue *fouilleuse* appelée à rendre d'importants services.

La herse, employée pour niveler le sol qui a été labouré, sert également pour enfouir la semence ou les engrais, et pour enlever les racines et les herbes nuisibles ; la herse à losange de Valcourt, est une des meilleures qui furent présentés cette même année. M. Proux exposa des rouleaux très pesants armés de dents en fer très puissantes, et surmontés d'un semoire à hélice, de fil de fer, des plus ingénieux.

Quelques-uns de nos agriculteurs, reconnaissant l'efficacité de l'extirpateur, très en usage en Angleterre et en Écosse, se sont fait de cet outil agricole un puissant auxiliaire, et les effets qu'ils ont obtenus font souhaiter que cet instrument, dont le coût élevé a été jusqu'ici la seule cause de sa non-admission, devienne accessible à tous les agronomes.

Parmi nos constructeurs spécialistes, M. Lemaire et M. Desut, semblant avoir pris modèle sur l'extirpateur anglais, en ont construit d'assez complets pour répondre aux besoins de notre agriculture.

Toutes les machines à battre qui furent exposées jusqu'à présent, sont généralement trop compliquées; on peut cependant mentionner celles de M. Libert et M. de Groslay.

On nomme *tarare* une machine destinée à remplacer le van et le crible, MM. Poly Labesse, Seigneurie père et fils, en exposèrent, en 1849, de très habilement conditionnées.

MM. Mulot et Degoussé exposèrent des outils employés pour le sondage et pour le forage des puits artésiens, outils qui devraient être répandus dans les campagnes, où ils rendraient d'importants services aux nombreux agriculteurs, dont les champs sont peu fertiles, faute des moyens d'irrigation.

Parmi les nombreux engrais employés, nous citerons : le noir animal, le noir animalisé, le guano, les débris d'animaux, le sang, les marcs de raisins, les sciures de bois, les feuilles, etc.

M. Demoleon, comprenant de quelle importance était la fertilisation des terres, entreprit la fabrication de l'engrais de poisson ; il en fit une industrie spéciale, qui n'a pu avoir un entier succès, le coût de la matière première étant trop élevé.

La culture de la vigne s'est accrue considérablement, et on compte maintenant plus de deux millions d'hectares plantés. La saveur des vins variant selon le sol, il est important de faire un choix d'engrais insapides, les matières non désinfectées ayant une action funeste qu'il est facile de prévenir.

La France produirait assez de blé pour sa propre consommation, si le pain ne venait souvent remplacer la viande dans l'alimentation des ouvriers des villes et des campagnes, et si, parmi les méthodes nombreuses employées pour la conservation des grains, on en trouvait une réunissant toutes les conditions d'économie désirable Au nombre des hommes intelligents qui firent des tentatives utiles, nous citerons : M. Valery, dont le grenier mobile est un appareil des plus ingénieux ; M. Coninck, qui a proposé un grenier à colonnes chambrées, et M. Huart, auteur du système employé avec succès à la manutention militaire de Paris.

En France, plus de vingt millions d'habitants sont adonnés à la culture, aussi, avec les modes de défrichements que nous possédons, avec les enseignements de toutes sortes que l'on s'efforce de donner aux agriculteurs, il est à prévoir que, dans peu, notre pays, si renommé par sa culture et par la grande variété de ses produits, aura encore de nouveaux succès à enregistrer ; succès incontestés, qui, à juste titre, font regarder la France comme le jardin le plus riche de l'Europe.

INDUSTRIE DES TISSUS

COTON. — Les Indiens, non moins industrieux que les Chinois leurs voisins, cultivaient et travaillaient le coton dès le cinquième siècle, avant Jésus-Christ. Hérodote, le père de l'Histoire, dit : « *Les Indiens cultivent une plante,* » *qui au lieu de fruits, produit une laine préférable à* » *celle des moutons, et ils s'en font des vêtements.* »

Vers le même temps, la culture du coton se répandit dans divers pays, en Egypte, en Afrique, en Amérique et en Espagne, où on faisait usage, pour le tisser des mêmes moyens employés dans les Indes.

La filature et le tissage du coton se sont répandus lentement en Europe, parce qu'il est peu de contrées où on le cultive.

Ce n'est que vers le dix-septième siècle de notre ère, que l'industrie cotonnière fut introduite en Angleterre ; peu de temps après, la France l'entreprit à son tour ; et si, chez nos voisins, cette industrie a pris une extension considérable, chez nous elle n'est pas moins devenue une des branches les plus importantes de notre industrie nationale, sinon la première.

Toutefois, c'est en Amérique que la filature et le tissage sont pratiqués sur la plus grande échelle, mais, il est vrai de dire que le climat de cette partie du globe est propice à la culture du coton, et il est rationel que là où la matière-première abonde, les produits, dont elle est la base, fassent l'objet d'une fabrication exceptionnelle.

C'est de l'Amérique que l'Angleterre et la France tirent le

coton. Afin de nous affranchir de ce tribut, que nous subissons depuis si longtemps, des essais ont été pratiqués récemment dans le but d'acclimater et de cultiver cette plante si utile, dans les régions méridionales de la France; mais ils n'ont pas été couronnés de succès, et il est à craindre que toutes les tentatives qu'on fera encore, n'aient pas un meilleur résultat; cependant, on espère en tirer en abondance de l'Afrique, la plus vaste et la plus fertile de toutes nos colonies. Alors, un jour viendra, peut-être, où nous laisserons aux Indes et à l'Amérique ce coton qu'elles ont le privilége d'avoir en abondance; nous ne craindrons plus la pénurie de cette matière-première, pénurie dont la persévérance de nos colons aura bientôt raison.

Avant d'être filé et tissé, à l'aide de moyens mécaniques, dont nous parlerons dans deux articles spéciaux, Filature et Tissage, le Coton, après la récolte, est soumis à l'*Epluchage*, opération qui est, à ce produit, ce que le *Tirage* est à la soie étirée du cocon. Cette opération, autrefois très longue, et conséquemment très coûteuse, parce qu'elle était pratiquée manuellement, est maintenant faite mécaniquement à l'aide d'un métier à rouleaux, que les Américains appellent *Roller-gin,* et qui procède dix fois plus vite qu'un ouvrier.

C'est *Epluché* ou *en laine* que le coton arrive en balles dans nos ports, et il n'a subi aucune préparation.

Dans l'industrie cotonnière, la France vient après l'Angleterre, bien que nous comptions beaucoup de départements où cette branche a donné lieu à de nombreux établissements; l'Alsace, la Seine-Inférieure, la Normandie, la Flandre, ne sont pour ainsi dire peuplés que de tisserands, parmi lesquels ceux qui ont à honneur de monter au premier rang, sont MM. Kœchlin, Delamarre, Debouteville, Fauques-Lemaître, Pouyer-Quertier, Duvillier, Levavasseur, Delibart et Lardemer, Schlumburger, Ferray, etc., etc., qui, à toutes les Expositions nationales et universelles, qui ont eu lieu depuis 1839, ont exposé des tissus de coton, dont beaucoup d'échantillons approchaient, par la beauté des fils et la finesse de la trame, des mêmes tissus anglais.

CHANVRE ET LIN. — Bien que préférable aux tissus de laine dont l'usage exclusif avait engendré une affection d'autant plus terrible, qu'elle était incurable, la lèpre, la toile de chanvre, découverte dans le dixième siècle, ne remplaça la laine que dans le seizième siècle ; jusque-là sa fabrication avait été d'un prix de revient constamment élevé.

En France, le chanvre est cultivé en Champagne, en Picardie, en Bourgogne ; mais, malgré les efforts de nos agriculteurs, nos plants ne pourvoient pas à tous nos besoins et encore aujourd'hui nous sommes obligés, pour remédier à cette pénurie, d'en acheter de grandes quantités à l'étranger, à la Russie, par exemple.

Après la récolte et avant le filage, le Chanvre est soumis aux mêmes opérations préparatoires que le lin, plante à tige mince qui, sous nos climats tempérés, atteint à peine la hauteur de 70 centimètres, et dont la culture et le tissage remontent aussi à une époque assez reculée.

Ces préparations sont :

1° Le *Rouissage* ou bain, destiné à dissoudre la matière résineuse qui attache les fibres ;

2° Le *Teillage*, ou séparation des fibres ;

3° Le *Raclage*, ou nettoyage ;

4° Enfin, le *Peignage*, soit à l'aide de peignes d'une forme particulière, soit mécaniquement, à l'aide de machines, dites *Peigneuses ;* une des Peigneuses les plus usitées est celle de Philippe de Girard, dont M. Decoster, de Paris, exposa un spécimen en 1844. On apprécie aussi les peigneuses de MM. Collier et Dézeimére.

Le chanvre et le lin sont filés et tissés avec des métiers, qui ne diffèrent pas de ceux qu'on emploie pour le coton.

Aujourd'hui, nos premiers filateurs de chanvre et de lin sont : MM. Lainé, Laroche, Joubert, Bance, Jourdain-Desfontaines, Charnez, de Lille, Nautroyen, Mallet, Cox, etc., qui sont peu éloignés d'arriver à la perfection que cette industrie atteindra prochainement. Il y a peu à faire pour cela, et les quelques difficultés qui subsistent seront bientôt vaincues.

N'oublions pas de citer la Société Linière, du Finistère, qui est appelée à rendre à cette branche d'importants services, en cultivant le lin, que nous ne possédons, comme le chanvre, qu'en quantité bien au-dessous de nos besoins.

LAINE ET DRAPERIE. — La laine nous est fournie par les animaux de la race ovine, dont le mouton est le plus ancien type, puisque Hérodote dit qu'à la laine du mouton, les Indiens, de son temps, préféraient déjà le coton. Aujourd'hui, il existe plusieurs variétés de moutons; en 1819, Terneaux, qui était et est encore le premier de nos fabricants de draps, acheta, moyennant des sommes considérables, des troupeaux de moutons du Thibet, qui fournissaient une laine soyeuse, d'une finesse remarquable ; mais ce ne fut pas sans regrets qu'on se vit forcé de renoncer à l'acclimatation de cette espèce chez nous; on n'obtint par des croisements que des *métis*, dont la laine était inférieure à celle des animaux de la race pure.

Les principaux produits dont la laine est la base, sont les draps dont la fabrication n'a été introduite en Europe, que dans le treizième siècle; c'est en Italie que furent établies les premières manufactures, puis en Angleterre et en dernier lieu en France, vers le quatorzième siècle.

Après la *tonte*, la laine subit l'*apprêt*, composé d'une série d'opérations préliminaires :

1° *Triage*, ou division des brins par longueurs ;

2° *Battage*, pour extraire les corps étrangers ;

3° *Lavage*, dans un bain, dont la durée dépasse quelquefois 24 heures ;

4° *Désuintage*, ou dissolution, au bain, du *suint*, matière grasse dont les brins sont imprégnés ; ce bain est immédiatement suivi d'un lavage ;

5° *Dégraissage ;*

6° *Souffrage*, par un bain sulfureux, après quoi on bleuit légèrement ;

7° *Cardage*, qui se répète plusieurs fois successivement à l'aide de *cardes*, dont les fils métalliques sont de plus en plus serrés;

8° *Peignage*, opération très importante.

En 1815, Hehmann, Alsacien, résolut le problème étudié quelques années auparavant, de pratiquer mécaniquement le *Peignage*, auquel, jusque-là, ou avait procédé manuellement à l'aide de peignes, d'une forme particulière ; et sa machine, qu'on a depuis modifiée et corrigée, est en usage partout.

Enfin, on file et on tisse la laine par les moyens ordinaires que nous allons bientôt décrire.

Après le tissage, le coton, le chanvre et le lin ne sont soumis à aucune manipulation ; mais il n'en est pas de même du drap :

1° On l'*épincette*, pour faire disparaître les nœuds que le tisseur a pu être obligé de faire sous la trame ;

2° On l'*énoue*, ou on répare à l'aiguille des défauts inévitables ;

3° On le *dégraisse*, pour enlever les matières grasses dant on a imprégné la laine avant de la mettre au métier;

4° On le *dégorge*, pour compléter l'opération précédente ;

5° On le *foule*, pour lui donner tout à la fois souplesse et solidité :

6° On le *garnit*, en relevant le duvet à l'aide d'une machine appelée *Laineuse*;

7° On le *tond*, pour donner au duvet la même hauteur partout ;

8° On le *catisse*, en coupant le poil ;

9° On le *presse*, pour le lustrer ;

10° On le soumet enfin au *ramage*, pour effacer les plis dus au pressage.

Et c'est alors qu'il a subi ces nombreuses et difficiles opérations qu'on peut livrer le drap au commerce.

Ainsi sont fabriqués, à part quelques légères différences, les draps *cotés*, les draps *à poil*, les draps *lissés, croisés, lainés*, les *cuirs de laine*, les draps *d'amazone, imperméables, zéphirs, coatings, les alpagas, les feutres*, etc.

« De toutes les industries qui font la gloire et la richesse
» de notre pays, disait M. Legentil, manufacturier distin-
» gué, il n'en est peut-être aucune qui exige, dans le pro-
» ducteur, une plus grande variété de connaissances, une
» surveillance plus active, un travail plus soutenu que la
» fabrication du drap. »

Et nous sommes loin de protester contre cette opinion, car pour obtenir, à l'aide des opérations que nous venons de décrire, des laines bien préparées; et faire avec ces laines ces tissus si beaux et si utiles, il faut qu'en effet le producteur ait de son industrie une connaissance approfondie ; et d'ailleurs nous ne manquons pas de fabricants de draps qui réunissent les qualités énumérées par M. Legentil. C'est à eux que nous devons d'être les premiers dans la fabrica - tion des draps, ce que Porter, l'économiste anglais, se plaît à reconnaître lorsqu'il dit : « *Sur toutes les places du globe,*
» *la draperie française occupe le premier rang.* »

Les produits exposés aux diverses expositions sont venues justifier cette bonne opinion que nos rivaux d'Angleterre ont de notre savoir-faire.

A l'Exposition de 1844 figurèrent des toisons d'une qualité inconnue jusque-là. Ce progrès était l'œuvre de plusieurs éleveurs, parmi lesquels se distinguait M. Graux, qui avait augmenté les ressources de l'industrie lainière en augmentant d'une espèce la race ovine ; et, grâce aux études de cet agriculteur, et de ses imitateurs, MM. Leroy, Girod-de-l'Ain, Maître, Monnoy et Gaudin, nous étions arrivés à avoir moins recours aux matières premières étrangères ; l'importation des laines d'Allemagne, par exemple, diminua tout-à-coup sensiblement.

Les échantillons de draps étaient nombreux, non-seulement, parce que nos habiles industriels savaient déjà fabriquer, outre les draps noirs, les satins, et autres tissus de première valeur, diverses espèces de draps variés en couleurs et en dessins, mais parce que la plupart des villes où cette branche constitue la première industrie locale, étaient représentées au concours : *Sedan*, qui fut longtemps sans rivale, par MM. Cunin-Gridaine, Picard, Renard, Blanpain, Lagny-Pastor, de Montagnac, Berlèche-Bonjean et Chenon ; *Louviers*, par MM. L. Marcel, Poitevin, Ribouleau, Chennevière, Jourdain et Daunet fr res ; *Elbœuf*, par MM. Aroux, Sevaistre et Legris, *Chateauroux*, par MM. Muret et Bert ; *Vienne*, par MM. Bodin et Lambert ; *Bedarieux*, par M. Cabert ; *Lodève*, par MM. Sompairac et Vitalis frères ; *Limoges*, par MM. Boyer aîné et Boyer frères ; le *Calvados*, par MM Juhel et Desmares ; *Toulouse*, par MM. Courtin frères.

Ces derniers fabriquaient des draps à un prix très-bas ; mais répondant avantageusement aux emplois auxquels ils étaient destinés.

En 1849, la plus grande partie des fabricants de draps qui avaient pris part à l'Exposition de 1844, en exposant à nouveau des draps, damas et autres étoffes de laine tissées avec le plus grand soin, voulurent justifier la réputation universelle de notre industrie lainière. On peut attribuer une grande part de ce résultat inappréciable, à MM. Bertèche, Chesnon et Cⁱᵉ de Sedan, Rousselet et fils, Jourdain, Schlumburger, Flavigny et Tricot fils ; ce dernier, se servant habilement du métier Jacquart, était parvenu à tisser des vêtements africains : *Pagnes*, *burnous*, etc., qu'il exportait en grande quantité en Afrique, outre qu'ils étaient ici très-portés comme vêtements de fantaisie.

En 1851 et en 1855, comme en 1862, les étrangers, et surtout les Anglais, reconnurent que Porter n'avait pas exagéré le mérite de notre draperie ; l'impartialité commandait, d'ailleurs, qu'on reconnût dignes de la plus grande admiration les draps exposés par MM. Chennevière, d'*Elbœuf*, qui fabriquait des draps où la laine et la soie se mariaient pour composer un beau tissu soyeux, solide et moins cher pourtant que le drap exclusivement composé de laine ; M. de Matagnac, de *Sedan*, qui tissait des draps de velours ; et les nombreux manufacturiers de Vire, d'Abbeville, de Louviers, de Bischwiller, de Lizieux, de Mazamet.

La draperie tend à devenir la principale branche de notre industrie des tissus ; les progrès qu'elle fait tous les jours, les ressources nouvelles qu'elle acquiert par le talent de nos fabricants et les études de nos éleveurs, prouvent surabondamment que, ne voulant pas être surpassés, tous se rappellent ces paroles que nous avons déjà citées ; « *Sur toutes* » *les places du globe la draperie française occupe le pre-* » *mier rang.* »

SOIE. — La soie, cette substance animale dont on fait les tissus les plus riches, pour confectionner les plus beaux vêtements des dames, est fournie par un petit animal polypède, que les savants appellent *bombyx*, et que les anciens, Pline le naturaliste lui-même, connaissaient si peu, qu'ils l'appelaient *araignée*.

Le *bombyx* est une petite chenille qui s'enferme dans une enveloppe hermétiquement close appelée *cocon ;* la chenille y est à l'intérieur sous la forme de *chrysalide ;* au bout d'un certain temps elle en sort en *papillon* aux ailes blanches et légères.

Ce ne fut qu'au commencement du quatrième siècle, sous

le règne de Justinien, empereur romain, qu'on se livra, en Europe, à l'étude du ver à soie.

Deux Persans, apôtres de la religion catholique, furent envoyés en mission dans la Chine ; ils y étudièrent cet insecte qui fournissait depuis longtemps aux Chinois une matière première qu'eux seuls avaient alors le privilége de posséder Lorsque ces missionnaires surent élever eux-mêmes le ver à soie et le multiplier, ils vinrent à Constinople où, sous la protection de l'empereur Justinien, ils approfondirent leurs premières observations. Ils avaient apporté, dans des cannes creuses, des myriades d'œufs de bombyx qu'ils firent éclore dans du fumier, et, avec des feuilles de mûrier, ils nourrirent les chenilles qui, opérant bientôt leur dernière métamorphose, abandonnèrent leurs cocons dont on étira les fils pour en faire les plus beaux tissus qu'on ait jamais vus jusque-là

De Constantinople l'éducation du ver à soie et la fabrication des soieries passèrent en Sicile, puis en Espagne, à l'époque de l'invasion des Maures dans les provinces méridionales de cette contrée ; et enfin dans le midi de la France' Ce n'est que dans le dix-septième siècle que la fabrication des tissus de soie fut introduite en Angleterre.

Les plus anciennes manufactures françaises furent établies en 1270, sous Grégoire X, à Avignon qui était alors la résidence des papes. Plus tard on en créa d'autres à Tours, et le roi Louis XI, s'intéressant à cette industrie naissante, fit venir de nombreux ouvriers de l'Orient où déjà le filage, le tissage de la soie avaient fait de rapides progrès,

L'installation des manufactures de Lyon, la plus grande ville de France après Paris, remonte à 1450, sous le règne de Henri IV. C'est de cette époque que date une décroissance notable dans le prix des soieries qui avait été jusqu'alors maintenu à un taux très-élevé.

Pour *étirer* la soie des cotons on soumet d'abord ceux-ci à un bain, qui a pour but de détruire l'adhérence du *frison*, puis on *purge* en l'enlevant complétement.

Le tirage, ou espèce de filage, se fait à l'accès de machines appelées *tours*.

Alors que la soie n'a encore subi que ces trois préparations, on en peut faire de la soie *grège* au moyen de *moulins* inventés par Borguesan en 1370, et très employés aujourd'hui dans nos fabriques, surtout depuis qu'on les a régularisés.

Avant le tissage par les moyens ordinaires, la soie est *décreusée*, opération dont nous parlerons à la Teinturerie.

En 1844, le major Bronski exposa des soies grèges d'une belle venue, et deux fabricants de Paris, MM. E. Robert et Tillancourt, soutinrent la réputation que notre capitale a acquise dans l'industrie des soieries en exposant, outre des étoffes de soie très belles, des soies grèges pouvant lutter avec celles qu'avaient exposées quelques fabricants de Lyon, qui déjà n'avaient plus le monopole de cette industrie importante.

En 1849, le major Bronski, parvenu, par le croisement des races, à améliorer le ver à soie, exposa des soies grèges très variées en couleurs. MM. Bazin et fils exposèrent aussi des soies grèges jaunes et ouvrées d'une bonne préparation.

La fabrication Lyonnaise comptait pour représentants MM. Hecke, Bonnet, Bonton, Tillard et Rambaud, en un mot les premiers fabricants dont les soieries sont préférées à celles des Orientaux, et dont le prix est moindre.

Ce furent les mêmes qui, en 1851, 1855 et 1862 soutinavec succès la renommée de la fabrication Lyonnaise.

Lyon compte maintenant une rivale, Paris, qui, aux expositions universelles, fut représentée par MM. Germain, Thibaut et Chabert, Chennevière et Morin, Roux, Dreyfous, Grolleau.

La soierie parisienne, grâce à l'habileté de ceux que nous venons de nommer, vaut bien la soierie de Lyon, mais cette dernière cité aura toujours le mérite d'avoir été la première où cette fabrication a pris une extension qui n'existe encore aujourd'hui nulle part.

FILATURE. — L'art de filer remonte à la plus haute antiquité, les Indiens et les Chinois paraissent l'avoir connu les premiers; les moyens employés à cette époque reculée étaient d'une grande simplicité; celui qui était le plus en usage consistait en un bâton plus ou moins long, à une des extrémités duquel était enroulée une certaine quantité de coton, la seule plante textile connue des anciens. Les peuples qui ne possédaient pas ce végétal se servaient de poils de bêtes; de la main gauche on tortillait le coton ou les poils, en les roulant entre les doigts; de la main droite on faisait tourner un petit instrument, de forme oblongue, auquel était attaché l'extrémité du fil, qui se tordait par suite du mouvement de rotation imprimé à cet instrument, qu'on appela plus tard *quenouille*, et le fil conservait sa torsion en restant enroulé autour de cette quenouille primitive.

Si on en croit Pline, le naturaliste, l'invention de ce mode de filage, qui fut seul pratiqué pendant plus de trois mille ans, serait due à un certain Closter, fils d'Arachné. D'autres historiens, refusant de croire à cette version trop mythologique, prétendent que le filage à la quenouille se perd dans la nuit des temps et n'en nomment pas l'inventeur.

Mais, pour être de la plus grande simplicité, ce système n'en donna pas moins à un tisserand allemand, qui vécut dans le duché de Brunswick vers le milieu du seizième siècle, et dont le nom n'est pas parvenu jusqu'à nous, l'idée de construire cette petite machine que tout le monde connaît sous la dénomination de *rouet*, instrument plus compliqué, mais beaucoup plus commode, et dont l'avantage précieux était d'être plus expéditif. Le rouet se composait d'une roue mise en mouvement par une pédale, comme les meules des rémouleurs; cette roue faisait tourner une bobine ou quenouille. En **1777**, un nommé Besnière, modifiant légèrement le rouet, y ajouta une deuxième bobine, ce qui permit de filer des deux mains.

Aujourd'hui la filature se pratique au moyen de véritables machines très compliquées, qui n'ont, pour ainsi dire, rien de commun ni avec la première quenouille, ni avec le rouet; le travail manuel est considérablement amoindri. Leur invention est due à plusieurs hommes de génie, dont Blanqui, dans ses leçons d'économie industrielle, raconte ainsi les découvertes :

« En 1764, un obscur fabricant de peignes à tisser, Hihgs
» Thomas, se trouvant à Léigh, dans le Lancashire, chez
» un de ses voisins, vit entrer le fils de celui ci tout abattu
» par la fatigue et l'ennui. Ce jeune homme avait couru
» toute la matinée pour avoir de la trame sans pouvoir en
» trouver. Dès cet instant Highs ne cessa de combiner dans
» son esprit une machine capable de fournir de la trame
» en assez grande quantité; cette idée le conduisit chez un
» horloger de la même ville appelé Kay, à qui il commu-
» niqua son projet et le résultat de ses réflexions. Celui-ci
» s'enthousiasma à son tour, et les deux inventeurs se
» réunissaient tous les jours dans le grenier de Highs, dont
» la porte fut soigneusement fermée, pour confectionner
» les rouages et les autres pièces d'une machine, produit
» de leurs veilles; cependant les voisins avaient percé le
» mystère de ces deux pauvres idéologues, et les quolibets
» leur pleuvaient de toutes parts. Plusieurs mois s'étaient
» déjà écoulés sans résultats apparents, lorsqu'un beau
» jour, à la suite d'un accès de désespoir et de décourage-
» ment, les rouages furent jetés par la fenêtre pour le plus
» grand amusement des railleurs. L'horloger Kay eut bientôt
» pris son parti. Quand on lui demandait combien Highs lui
» donnait pour fabriquer des machines à filer, il répondait
» qu'il avait renoncé à la filature, et puis il mêlait ses rail-
» leries à celles de ses voisins. Highs, au contraire, fut
» bientôt revenu d'un premier mouvement de faiblesse; il
» reporta ses rouages brisés dans son grenier, et après de

» nouveaux efforts il parvint à faire marcher cette machine
» tant désirée, qui répondit si victorieusement, non-seule-
» ment à tous les demandeurs de trame de Seigh et de Lan-
» cashire, mais encore à ceux de toute l'Angleterre.

» Highs avait une fille qui, elle aussi, avait dû souffrir sa
» part du chagrin de son père. Elle s'appelait Jenny, et
» Highs la fit marraine de sa machine, qu'il appela *Spin-*
» *ning-Jenny*, Jeannette la Fileuse.

» La première Jenny n'avait qu'une aune carrée et 6 bro-
» ches. Plus tard. Higs en construisit qui avaient jusqu'à
» 24 broches. Trois ans après l'invention du pauvre fabri-
» cant de peignes. Jame-Hargraves de Blackburn apporta
» quelques modifications à la pince de la Jenny. Ceux qui
» connaissent cette machine savent que l'on appelle ainsi
» les deux morceaux de bois qui maintiennent la broche
» sur laquelle s'enroule le fil. Ce fait a induit en erreur
» quelques historiens, qui ont attribué à Hargraves la dé-
» couverte de Highs. Cette erreur fut encore accréditée par
» un mémoire d'Arkwright, que j'aurai occasion de citer
» bientôt. La Jenny ne donnait que la trame, mais Highs
» l'eut bientôt complétée au point de se surpasser lui-
» même, en imaginant une machine capable de filer le
» coton au degré de consistance et de finesse qu'exige la
» chaîne, qui, jusque-là, avait été faite en fil lin étranger.
» C'est la machine à cylindre, le *Throstle*, des Anglais, et
» la *Continue*, des manufacturiers français. Le coton est
» soumis à la pression de deux paires de cylindres, dont
» un, par paire, est cannelé pour laisser passer le fil qui
» s'amincit et se tord, et puis se renferme sur une bobine.
» C'est Kay, dit-on, qni a fait la première *Continue* sur le
» modèle en bois de son ancien compagnon d'infortune.
» Comme il faut une force considérable pour la faire mar-
» cher, elle ne pouvait servir que dans les fabriques qui,
» avant l'application de la vapeur, pouvaient disposer d'une
» chute d'eau. On lui a donné le nom de *Métier-Hydrau-*
» *lique* (Throstle). Au reste, le fil que donne ce métier est

» beaucoup plus tordu que celui de la Jenny, et convient
» particulièrement pour les chaînes. Aussi, depuis l'intro-
» duction de la Continue, on filait les chaînes dans les ma-
» nufactures, tandis que la trame était produite sur la
» Jenny par les femmes et les enfants des tisserands.

» Le Métier-Hydraulique était l'invention favorite de
» Highs. Aussi, tout en rendant la Jenny publique, il s'ef-
» força de réserver pour lui la filature à cylindre, jusqu'à
» ce qu'il pût se procurer assez d'argent pour établir une
» fabrique, car il était encore bien pauvre, et sa famille
» était devenue plus nombreuse; mais le vœu si légitime
» du génie dans la misère ne devait pas être exaucé; sa
» découverte devait profiter à d'autres. J'ai déjà eu occa-
» sion de citer le nom de Richard Arkwright.

» Arkwright est sorti d'un rang obscur, et, par une per-
» sévérance infatigable et une habileté particulière à ma-
» nier les hommes, il est parvenu à se faire une fortune
» considérable et une réputation populaire; cet homme,
» qui avait un penchant habituel pour la mécanique, met-
» tait un zèle incroyable à s'approprier les découvertes des
» autres, et savoir parfaitement en tirer le parti le plus
» convenable.

» Pauvre comme Highs, son esprit, moins modeste, ne
» redoutait pas les humiliations en sollicitant des associés
» et des protecteurs; et c'est ainsi que, par sa remuante
» activité, il parvint à réunir des actionnaires à diverses
» époques, et à leur faire débourser les sommes nécessaires
» pour réaliser ses projets.

» Beaucoup ne réussirent point; néanmoins, on prétend
» qu'il restait toujours à Arkwright un peu plus qu'il n'avait
» en commençant, et toujours assez d'habileté pour en-
» thousiasmer de nouveaux sociétaires.

» Arkwright était, en 1760, barbier-coiffeur à Bolton-les-
» Moors, et déjà renommé par la couleur qu'il savait don-
» ner aux cheveux qu'il vendait. Il épousa une femme de
» Leigh, et c'est dans cette ville qu'il apprit les inventions

» du malheureux Highs. On pourrait croire qu'il chercha à
» faire connaissance avec lui pour lui surprendre son
» projet ; mais il déploya plus de finesse. Il sut que Kay,
» l'ouvrier horloger dont nous avons parlé, et qui résidait
» alors à quelques lieues de là, à Warrington, avait tra-
» vaillé pour Highs. Il s'introduisit chez lui pour lui faire
» tourner quelques pièces de cuivre destinées, disait-il, à
» un grand mécanisme qui devait lui donner le mouvement
» perpétuel.

» Un jour, c'était en 1767, il emmena Kay dans un ca-
» baret pour lui parler mécanique. Kay, flatté sans doute
» de la politesse d'Arkwright, et n'ayant probablement pas
» de principes bien arrêtés sur le respect de la propriété,
» lui conseilla de s'occuper plutôt d'une machine à filer, en
» lui promettant quelques bons conseils. Arkwright feignit
» d'abord une assez grande indifférence ; mais, le lende-
» main matin, il avait rejoint son homme, et il avait obtenu
» le modèle de la Continue de Highs. L'habile barbier fit
» voir son modèle à plusieurs personnes, et il eut bientôt
» trouvé un bailleur de fonds ; le 3 juillet 1768, il prit une
» patente à Nottingham pour filer avec les cylindres exé-
» cutée par Kay, qu'il avait pris à ses gages. Il se tenait au
» courant de tout ce qui se faisait, et, comme les filateurs
» à la Jenny venaient de perfectionner le cardage et le
» bouclinage, il sut encore être plus adroit qu'eux, et ob-
» tenir, en 1775, une seconde patente ; mais, comme les fi-
» lateurs continuaient à se servir de ces procédés qu'Ark-
» wright n'avait pas inventés, il leur intenta des procès, et
» il les perdit. Cela ne l'empêcha pas de faire une grande
» fortune et de recevoir des honneurs, car il mourut à
» Cromford, dans le Derbyshire, à l'âge de 59 ans, après
» avoir été fait chevalier et grand shérif de son comté.
» Quant au pauvre Highs, peu de personnes s'en sont in-
» quiétées, et il a dû mourir dans la misère.

» Il est toutefois vrai de dire qu'Arkwright, en vulgari-
» sant l'idée de Highs, a été l'un des plus grands instru-

» ments de progrès des manufactures de coton ; car si la
» mise à exécution est secondaire au mérite de l'invention,
» elle n'en est pas moins indispensable à la perfection de
» l'art. Mais Arkwright a eu le tort immense de méconnaître
» le malheureux Highs ; et c'est ainsi que dans un de ses
» prospectus il attribue l'invention de la Jenny à Hargraves,
» sachant bien qu'il était dangereux de faire mention de
» son véritable inventeur qui avait aussi imaginé le métier
» hydraulique qu'il s'appropriait. »

Après avoir ainsi raconté les recherches persévérantes
auxquelles s'est livré l'ingénieux Highs, et dont le fruit a été
pour l'adroit Arkwright, Blanqui retrace succinctement l'histoire des perfectionnements apportés à la Jenny et au métier hydraulique dont il vient de parler, par John-Lées,
James-Hargraves, Thomas Highs et Wood ; puis il décrit la
mull-Jenny qui est un composé de la Jenny et du métier
hydraulique ; c'est, dit-il, « Samuel Crompton de Bolton-
» les-Moors qui, en 1775, imagina de marier ces deux idées
» du premier inventeur. » Enfin il parla de l'application de
» la vapeur dont Watt venait de régulariser les précieux ef-
» fets » (1790).

Telles sont encore aujourd'hui les machines dont on fait
usage pour la fabrication des tissus de coton et autres étoffes
fortes. Elles étaient aussi employées, à part quelques modifications peu importantes pour la filature du lin ; mais elles
ne permettaient pas de dépasser un certain degré de finesse.

En 1810, Napoléon Ier, voulant combler cette lacune, ouvrit, par un décret, une sorte de concours en promettant un
prix de *un million de francs* à l'inventeur, français ou
non, d'une machine à filer le lin ; ce fut un français, Philippe de Girard, d'un esprit inventif et auquel on doit bon
nombre d'inventions utiles, qui répondit le premier au vœu
de l'Empereur.

Propriétaire d'une filature à Paris, il était à la veille de
recevoir la récompense promise, lorsque les événements de
1814 vinrent renverser l'espoir de l'inventeur et l'obligèrent

à passer en Autriche. Là, il fonda une filature aux environs de Vienne ; puis il passa en Pologne et établit une nouvelle manufacture à Varsovie ; mais trahi par d'indignes associés aux capitaux desquels il avait dû avoir recours, il eût le désespoir de voir son secret vendu à l'Angleterre.

Comme Highs, de Girard ne jouit pas du bénéfice de son invention ; comme Highs, il fut impitoyablement spolié, et s'il ne mourut pas pauvre comme lui, il ne recueillit pas néanmoins tout le fruit de son travail.

Quelques années après l'introduction en Angleterre du métier de Philippe de Girard, plusieurs manufacturiers français, avec l'appui de la Société d'Encouragement, qui revendique pour la France l'honneur de cette découverte, rapportèrent pièces à pièces les métiers anglais qui servirent aussitôt de modèles, et bientôt l'invention de notre compatriote fut admis dans la plupart des filatures de lin.

Ce sont ces divers métiers, la mull-Jenny de Highs, le métier hydraulique d'Arkwight et celui de P. de Girard, que nos constructeurs confectionnent encore aujourd'hui en les perfectionnant de plus.

Il existe à Mulhouse une maison que nous aurons souvent l'occasion de citer, et dont les directeurs, André Kœchlin et Cᵉ, ont contribué largement par leurs utiles et importants travaux au progrès de bien des branches de notre industrie, soit par l'invention des machines, soit par des perfectionnements apportés à des mécanismes déjà en usage. En **1839** ces habiles constructeurs exposèrent un *renvideur* imaginé par l'un d'eux, M. E. Saladin, et d'autant plus ingénieusement combiné qu'il pouvait s'adapter aux métiers ordinaires, sans en modifier la disposition ; cette simple et facile adjonction du renvideur était la solution d'un problème mis à l'étude depuis longtemps, et qu'un anglais, Roberts, manufacturier de Manchester, avait cru résoudre en **1830** en inventant un appareil à filer muni d'un renvideur, mais cet appareil était tout entier une invention pour ainsi dire nouvelle, et sa substitution, en usage dans nos ateliers, était d'autant moins possible qu'elle ne pouvait être effectuée qu'à grands frais; M. Saladin vainquit très-heureusement cette difficulté.

Ce même ingénieur exposa aussi un *banc-à-broches* qu'il rendit, par d'ingénieuses modifications, propre à filer le coton régulièrement jusqu'à 37,000 mètres.

A la même Exposition de 1839, la maison Pihet, dont la participation au progrès de l'industrie lainière est également incontestable, exposa des métiers appropriés à la filature de la laine cachemire; cette maison, depuis 1830, livrait de nombreux appareils pour la filature et le tissage d'une construction irréprochable.

En 1849, les appareils de filature furent également nombreux en 1855 et en 1862; placés en parallèle avec les métiers anglais, ils occupèrent dignement leur place, presque tous ceux qu'on avait exposés avait été perfectionnés de diverses manières; parmi les métiers étrangers, on remarqua particulièrement ceux de M. Horledevorth, le plus grand filateur de Manchester, et pour ainsi dire le premier de tous les filateurs; car, ne nous faisons pas illusion ici, les anglais nous sont de beaucoup supérieurs en matière de filature : tout ce que nous pouvons souhaiter, c'est que les praticiens, comme les constructeurs, persistent à se vouer à l'étude de cette importante branche, l'industrie des tissus, et, comme les améliorations qui sont venues couronner leurs travaux sont importantes, et comme autant de pas vers la perfection, nous la verrons bientôt atteindre ce but et notre industrie arriver à disputer le premier rang à nos voisins d'outre-Manche.

TISSAGE. — Comme la filature, le tissage a été pratiqué en Asie et notamment dans les Indes, dès les premiers temps; l'introduction de cette industrie dans nos contrées remonte à une époque reculée. On commença par faire usage de métiers d'une construction bien simple, empruntée des Indiens, des Egyptiens et des Chinois.

A Lyon, le Musée d'industrie possède une collection complète de tous les métiers, où figurent des modèles de ceux dont on s'est servi chez nous au début de l'industrie du tissage en Europe. On peut, en visitant ce Musée, se rendre compte comment de perfectionnements en perfectionnements, de transformations en transformations, on est arrivé à construire les métiers à tisser montés aujourd'hui dans toutes nos manufactures.

Ce n'est que vers la fin du dix-septième siècle qu'on peut faire remonter l'application de la mécanique au tissage.

Un M. de Gennes inventa un métier dont l'usage se répandit bientôt en Angleterre; Dagon, simple tisserand, inventa le métier à la *grande tire;* plus de cinquante ans après, Blache et Galatier construisirent un métier à *petite tire*, à l'aide duquel l'ouvrier fait plus de travail qu'avec le précédent.

Dans les premières années du dix-huitième siècle, Bouchon, passementier, inventa un métier pour *petit façonné*, qui donna l'idée du métier pour *grand façonné*, amélioré par Falcon.

En 1744, Vaucanson imagina un métier à cylindres ronds; en 1798, un tourneur en bois, M. Verzier, inventa un métier à *ligature;* et enfin Jacquart, en 1804, s'inspirant des travaux de ses devanciers, Falcon et Vaucanson, combina un métier qui utilisait le carton de l'un, modifiait le cylindre de l'autre, et en 1813, le mécanicien lyonnais Breton, mit la dernière main à cette machine si bien appropriée à sa destination, par ses modifications, que la pratique lui avait fait découvrir.

Lorsque en Angleterre, l'ex-barbier Arkwright, qui a usurpé le titre d'inventeur du métier hydraulique, prit une patente pour son invention, les fileurs anglais manifestèrent leur mécontentement; ils craignaient que les moyens mécaniques nouvellement découverts ne les privassent de travail, et ces moyens, dont l'économie est inappréciable et dont le temps est venu consacrer l'indispensabilité, font vivre maintenant plusieurs comtés. En 1804, lorsque Jacquart produisit sa combinaison, son métier, qui supprimait le *tireur de lacs*, les habitants de la Croix-Rousse la considérèrent comme leur ennemi; aussi grandes furent les difficultés que rencontra l'adoption de ce nouveau métier dans les ateliers; et cependant, aujourd'hui, c'est à l'invention de l'immortel Jacquart que ceux-là mêmes qui ont protesté alors, doivent leur fortune. C'est encore cette invention qui a fait la richesse de tous nos départements, et nous pouvons dire, sans crainte d'être taxés d'exagération, c'est encore à cette invention qu'on doit la prospérité de la branche la plus importante de notre industrie; car tout le monde sait qu'à l'aide de modifications légères, le métier à la Jacquart peut être approprié à tous les genres de tissage, sans exception : coton, lin, chanvre, tapis, velours, bonneterie, etc., etc.

Et à toutes les Expositions on ne retrouve pas d'autres métiers à tisser que des *Jacquart* perfectionnés ou construits avec le plus grand soin.

En 1839, M. Dieudonnaz, de Paris, exposa un métier-Jacquart, augmenté d'un appareil de *tisage-accéléré*, dont l'admission dans les ateliers fut prompte en raison de l'économie que cet appareil apportait.

En 1844, MM. Boas, frères, produisirent un métier-Jacquart, approprié au tissage des châles; on pouvait en tisser deux à la fois.

C'est aussi à cette Exposition que M. Leportevin produisit un *métier circulaire*, exclusivement destiné à la bonneterie; ce métier était un des perfectionnements du métier inventé par Hindre, en 1656.

Aux Expositions universelles de 1851, 1855 et 1862, tous les métiers à tisser étaient encore de métiers-Jacquart, perfectionnés ou modifiés selon le mode de tissage auquel on les destinait

Ici notre succès fut plus complet qu'en filature; nous avons eu la satisfaction de voir nos métiers préférés à tous les autres; et cependant, plus impatients d'arriver à la plus simple expression d'un problème, les Anglais ont encore, en tissage, un avantage sur nos industriels; avant nous ils ont fait au tissage l'application de la vapeur d'une manière presque générale.

En France, on a suivi cet exemple, mais dans des limites très-restreintes, trop restreintes même; et cela ne peut s'expliquer que par les grands sacrifices d'argent que nécessiterait l'installation de la vapeur dans tous nos ateliers, sacrifices qui justifient plus ou moins l'hésitation de nos fabricants qui devraient pourtant considérer l'avantage réel et certain que cette transformation procurerait.

Il y a lieu d'espérer, de désirer même, qu'au profit du consommateur, la vapeur mettra un jour en mouvement tous nos métiers à filer et tous nos métiers à tisser, comme elle met déjà en mouvement toutes nos machines outils, auxquelles on doit une perfection dans la filature et le tissage, ne doivent pas rester privés.

DENTELLES. — Sous le nom générique de *Dentelles*, qui désigne les dentelles, les tulles et les blondes, on entend un tissu à jours dont les mailles sont très-fines.

On ignore à quelle époque remonte l'origine de cette fabrication. Toutefois c'est à Venise, dit-on, qu'on fit les premières dentelles en Europe.

En 1665, Colbert fit venir de cette ville des ouvriers qu'il installa, sous la direction d'une dame Gilbert, dans son château de Loulay, aux environ d'Alençon; bientôt tous les gens de cour, seigneurs et dames, adoptèrent la dentelle dans leurs toilettes, et la grande perfection où elle parvint en peu de temps la fit surnommer la *Reine des Dentelles*.

Outre la dentelle dite : *Point d'Alençon*, on fabrique encore à Anvers, à Louvain et à Malines une dentelle également très-belle et très-recherchée qui porte le nom de cette dernière ville : Malines.

Il se fabrique aussi à Bruxelles deux sortes de dentelles dont la réputation n'est pas moins grande et méritée, et dont l'une est l'imitation de l'autre; mais il faut être bien expert pour les distinguer tant on met de soin à leur confection.

Pour la première qualité, on emploie un fil de lin tellement fin et beau qu'il coûte *seize mille francs* le kilogramme.

Mais aujourd'hui le Point d'Alençon est surpassé, la Reine des dentelles est détrônée par la *Valenciennes*, qui doit son nom à la ville où on la confectionne, dans de vastes ouvroirs, fondés par la Reine Amélie, et dirigés par M. Leboulanger qui exposa, pour la première fois, en 1844, des dentelles de Valenciennes, dont les qualités en faisaient les premières de toutes.

A l'Exposition de 1849, Tarare, Chantilly, St-Quentin, Bayeux, exposèrent des mousselines d'une finesse inimitable. Alençon fut représentée par M. Lefébure, qui présenta des dentelles d'une grande richesse.

Un fabricant de Paris, M. Violard, exposa des imitations de tous les genres, voire aussi des imitations du Point d'Angleterre, assez réussies.

En 1855, on admira aussi, outre de nouveaux produits exposés par M. Leboulanger, et qui l'emportèrent sur tous les autres, les dentelles d'Alençon et de Bayeux sortis des ateliers de M. Lefébure; soyons équitable et avouons que, si la Valenciennes, pour être venue la dernière, a dépassé sa rivale, celle-ci n'a pas moins conservé toute sa première splendeur, et les mêmes tissus étrangers, les dentelles Belges et Anglaises, lui sont encore inférieurs.

En 1855, il fut aussi exposé des dentelles fabriquées à la mécanique; les échantillons présentés au concours par des fabricants de Cambrai, de Lille, de Lyon et de Paris étaient très-beaux, les dessins très-bien réussis et très-légers; mais

cette dentelle, qui n'a d'autre mérite que d'être d'un prix
modéré, manque de solidité et ne sera jamais préférée ni à
la Valenciennes, ni au Point d'Alençon, ni à la dentelle de
Malines.

TULLES. — La fabrication du tulle, en Europe, remonte
à 1708, époque à laquelle un anglais, Hammond, fit les
premiers essais à Nottingham. Plus tard, le mécanicien
Heathcout inventa un métier à table qui, introduit en France
en 1816, a subi de nombreux perfectionnements et dont il
eu généralement fait usage aujourd'hui.

En France, c'est à Calais qu'on a commencé à fabriquer
le tulle. En 1819, cinq anglais s'associèrent pour fonder une
fabrique dans cette ville qui rivalisa bientôt avec Bottingham
dans cette industrie

En 1855, placés les uns près des autres, les tulles Français et les tulles Anglais se disputèrent les suffrages. Parmi
nos fabricants qui ont le plus contribué au perfectionnement de cette branche, nous nommerons MM. Herbelot fils,
Dubout, Champailler, Valois et Genec-Dufay

CHALES. — C'est à Cachemyre, une des principales villes
des Indes, où fonctionnent encore aujourd'hui d'importantes manufactures, que prit naissance la fabrication des
châles. Longtemps, ces beaux tissus nous ont été apportés
de cette ville lointaine ; et, cependant, ce n'est que de
l'an 1800 que datent notre industrie similaire, et les progrès
incessants que nous avons faits. Oui, progrès incessants, car,
aujourd'hui, on peut dire, sans optimisme, que les châles
des Indes n'ont plus, sur les cachemires français, que le
mérite d'être apportés d'une contrée où on est censé les
fabriquer mieux que partout ailleurs, parce qu'on les fabrique depuis longtemps ; mais nos industriels, après avoir
imité si heureusement ces tissus, rapportés d'Egypte par

nos héros, qui les avaient butinés sur les champs de bataille,
sont parvenus à un degré de perfection inespéré ; et, par
leur persévérance, il arriveront, sinon à obtenir des produits identiquement beaux, à des prix inférieurs, grâce à
l'emploi du métier-Jacquart, modifié *ad-hoc*, et qui supplée
si avantageusement au travail manuel, aux métiers grossiers
et incomplets des Indiens

Les châles sont de deux sortes :

1° Les châles *èspoulines* ;
2° Les châles *brochés*.

Les premiers sont d'un prix très élevé, en raison de la
main-d'œuvre ; la broderie se fait à la main

Les seconds fabriqués semi-manuellement et semi-méca-
niquement, sont d'un prix moindre, mais d'aussi bonne
qualité.

Outre ces deux sortes, on compte, dans la fabrication
aux châles, les châles de Paris, de Dijon, Nîmes. Ceux de
Paris sont les plus beaux et se rapprochent le plus du vrai
cachemire.

Lyon a la spécialité de l'Indou-cachemire, qui se distingue
des cachemires purs, par une variété plus restreinte dans ses
couleurs.

Nîmes fait des imitations, dont les prix sont peu élevés ;
toutefois, c'est à Reims qu'on fabrique les châles les moins
chers.

Depuis 1800, époque à laquelle remonte, avons-nous dit, la
fabrication des châles en France, le progrès qu'elle a faits ont
atteint rapidement un haut degré de perfection. D'Exposition
en Exposition, on a su, en examinant les produits soumis à
l'examen des visiteurs, constater ces progrès, qui ne consistent pas seulement à une parfaite imitation des produits
indiens, mais en d'importantes innovations dues aux soins
et aux études persévérantes de nos éleveurs, qui ont amélioré et augmenté la race ovine, qui nous ont fourni la matière première et aux métiers perfectionnés dont ils ont

fait usage pour la fabrication de ces riches tissus dans lesquels la toilette des dames ne saurait être complète.

Dès le début, on s'est appliqué à imiter seulement les modèles que nos soldats avaient rapportés d'Egypte; on parvint peu à peu à acquérir une certaine habileté, à copier fidèlement ces dessins confus dont les châles de l'Inde sont ornés; mais bientôt on renonça à ces dessins, qui n'avaient d'autre mérite que de rappeler la provenance de ceux qui avaient servi de modèles. On finit par en composer de nouveaux plus en rapport avec nos goûts; et parmi les industriels qui ont les premiers abordé de front cette réforme, il en est deux, MM. Hébert et Fortier, qui produisirent, en 1844, des châles dignes de faire oublier les premiers.

M. Fortier ne se borna pas à éviter la confusion des dessins asiatiques, il eut l'heureuse idée d'exposer trois châles tissés et dessinés pareillement, l'un en laine de Cachemire, l'autre en laine d'Allemagne, et le troisième en laine de France. Nous ne pousserons pas la vanité jusqu'à avancer que ce dernier surpassait ses égaux, mais il n'en remporta pas moins les suffrages.

Nous devons aussi parler des châles ordinaires, aux prix peu élevés, présentés au concours de 1844 par MM. Caron, Brunet, Fresnoy, Devèze fils et tant d'autres. Comme les serges du Gévaudan, qui ne sont pas moins estimables que les beaux draps de Sedan, ces châles appelés, non moins que les cachemires de l'Inde, à pourvoir à une très-grande consommation, sont dignes de l'attention publique.

Bien que l'industrie des châles soit d'introduction récente, le nombre des industriels qui se sont adonnés à cette fabrication est allé en augmentant, et à chaque Exposition on a vu de nouveaux noms figurer, parmi lesquels nous citerons M. Hébert, qui, en 1849, exposa des châles imitation de l'Inde ornés de dessins d'un goût exquis; MM. Duché et Cie, Léon frères, Gaussen et Forgelon, Grilles, Mantellier, Sandoz et Cie, qui exposèrent des châles de différentes formes, de

fonds et de dessins variés, de laines diverses, et tous va
laient au moins les produits indiens.

C'est en **1855** et en **1862** que nous pûmes, à bon droit,
nous énorgueillir de notre supériorité dans cette branche.
A côté des châles de fabrication française étaient les châles
de l'Inde, et nous n'hésitons pas à dire que ceux-ci étaient
inférieurs. La laine des châles de l'Inde était sans doute de
meilleure qualité, le tissu, l'assemblage des pièces n'étaient
pas moins bien exécutés, mais nos dessins étaient coloriés,
exempts de confusion, d'un goût tout à fait moderne ; et si
nous avions à notre portée les laines du Thibet, le seul élément de perfection qui nous fasse défaut, on pourrait dire
avec nous que nos châles ont surpassé les châles de Cachemire, de Maradjat, de Sreenugur et de Kouleb-Sig.

Non loin de nos châles étaient encore les produits anglais, belges et allemands ; mais que ceux-ci s'approchaient
peu des nôtres, tant ils est vrai que toutes les fois qu'il
nous sera donné de développer notre bon goût, notre sentiment national de l'art, nous occuperons constamment le
premier rang.

Tous nos fabricants de châles, et parmi eux MM. Hébert,
Fortier, Maillard, Terneaux, Duché, Brière, Couders frères,
Bourgeois et Bideaux, ont le droit de s'attribuer un des plus
grands succès que nous ayons obtenus aux concours universels, succès qui peut nous faire moins regretter notre in
fériorité relative en d'autres points.

ARTS CÉRAMIQUES

POTERIE ET FAIENCE. — « Les armes, dit Brongniard,
» étaient indispensables pour soutenir et défendre la vie,
» les tissus végétaux ou animaux pour éloigner les douleurs
» physiques, les deux seules choses évidemment et essen-
» tiellement utiles, tandis que la fabrication de la poterie
» la plus grossière est déjà un art de luxe ; or, pour faire
» avec le limon le moins rebelle au maniement du potier
» un vase qui se durcira à l'air et au feu, il faut plus de
» soin, de réflexion et d'observation que pour façonner des
» os, du bois, des peaux et du filament, des armes et des
» vêtements ; car ces matériaux offrent immédiatement à
» l'ouvrier le résultat de son travail. »

Si, d'après ce naturaliste, la fabrication de la poterie était
déjà, aux temps les plus reculés, un art de luxe, ses produits n'en sont pas moins aujourd'hui, et cela depuis longtemps et cela partout, d'une telle nécessité, qu'il nous serait littéralement impossible d'en supporter la privation.

On ne peut préciser d'une manière certaine la date de l'invention de la poterie ; quelques mythologues, qu'on a toutefois réfutés, en attribuent la découverte à un personnage de la
fable, Kéramios, fils de Bacchus et d'Ariane ; mais, d'après
l'histoire, l'origine la plus vraisemblable de la fabrication de
la poterie remonterait aux premiers temps de la Grèce Aux
environs d'Athènes, il existait une plaine au terrain céramique
d'une grande étendue, dans laquelle furent établis plusieurs
ateliers de potiers, dont un appartenant à un M. Chorébus,
acquit une certaine importance ; plus tard, on y éleva des

maisons, des temples, et cette plaine devint un des plus beaux faubourgs de la capitale hellénique.

Il y a lieu de croire, cependant, que la fabrication de la poterie n'a pas pris naissance qu'en Grèce seulement : partout on a fabriqué la poterie à l'aide de moyens divers, il est vrai, presque partout les procédés primitifs ont été modifiés, perfectionnés, et alors de véritables progrès ont été obtenus.

Jadis, la poterie n'était que *crue* ou séchée à l'air ; c'est bien longtemps après qu'on imagina de la soumettre à l'action solidifiante du feu, sans obtenir, toutefois, la vitrification ; aussi n'avait-on que des produits d'une fragilité qui en rendait l'usage très restreint, et auxquels on préféra longtemps les ustensiles en bois.

L'Italie est la première nation à laquelle on doit les premières faïences perfectionnées ; en 1299, il existait, à Faenza, ville des Etats de l'Eglise, de grandes manufactures qui fournissaient de nombreux produits.

On dit que c'est de *Faenza* qu'on a fait le mot faïence ; mais les étymologistes ne sont pas d'accord : les uns soutiennent l'opinion que nous venons de reproduire, les autres prétendent que les produits que nous désignons sous ce nom, ne sont ainsi nommés que parce qu'ils ont été fabriqués la première fois en France, à Fayence, petite ville, située près de Draguignan ; d'autres encore veulent que cette ville de l'ancienne Provence ne doive son nom qu'à la fabrication de la poterie importée de faenza

Sans avoir la prétention de mettre fin aux contradictions des étymologistes, érudits sans doute, mais divisés par des opinions si diverses, nous sommes portés à croire que le nom comme l'origine de la faïence est dû à la ville italienne (Faenza), où peu de temps après la création des manufactures, on revêtissait la poterie de belles peintures par des procédés enseignés par des potiers espagnols, venus de l'île Majorca ou Mayorque (du groupe des Baléares), et auxquels on attribue l'introduction de cet art en Italie : les poteries peintes étaient, pour cette raison, appelées marjoliques ou majoliques.

De l'Italie, la poterie passa en Allemagne, où, encore aujourd'hui, elle constitue une des principales branches de l'industrie de ce pays ; et pour être juste nous avouerons que c'est encore en Allemagne qu'on fabrique les produits de ce genre le plus appropriés à leur destination ; nous n'entendons parler que des ustensiles les plus usuels.

Les premiers progrès que fit chez nous la poterie remontent au seizième siècle, et sont dûs au célèbre Bernard Palissy, ex-géomètre, qui, après une étude persévérante, à laquelle il s'adonna pendant plus de quinze ans, parvint, après avoir dépensé à des expériences répétées presque tout son avoir, à fabriquer par des procédés qu'il a décrits dans de savants ouvrages, de belles poteries peintes et émaillées, qui sont encore aujourd'hui très recherchées

Jusque là, en France, la fabrication de la poterie avait pris peu d'extention ; ce ne fut que dans le commencement du dix-septième siècle qu'elle devint, à proprement parler, une branche importante de notre industrie nationale ; Louis de Gonzague, Duc de Nevers, fit venir d'Italie plusieurs potiers dont il protégea l'établissement dans le Nivernais, et maintenant c'est à Rouen, à Sceaux, et à Lunéville qu'existent les plus grandes manufactures que nous possédions.

La forme gracieuse et commode ne convient pas seule à la poterie, ou à la faïence ; appelée a remplacer les ustensiles en métal de même destination, et sur lesquels elles ont l'avantage d'être beaucoup moins coûteuses, leur qualité essentielle est d'être assez résistantes à l'action du feu ; c'est ce qu'on a cherché longtemps, c'est ce que les potiers Allemands ont trouvé avant nous, et c'est ce que notre compatriote, M. Plantier, a été des premiers à découvrir avec un succès dû à ses efforts. En 1839 il exposa des faïences qui pouvaient supporter un assez long séjour au feu sans se casser ; des potiers de Paris, MM. Masson frères, ne se contentèrent pas de ce simple résultat, déjà important par lui-même, ils produisirent des faïences et des poteries de formes diverses et gracieuses et d'une solidité a toute épreuve.

M. Utzschneider, de Sarreguemines, exposa aussi à ce même concours des poteries de grès dont il a fait une des spécialités de sa fabrication.

Bernard-Palissy, ce potier artiste, avait découvert aux environs de Beauvais un abondant gisement de terre argileuse, à laquelle il attribuait des qualités céramiques ; M. Mansard, (de Voisin lieu), s'inspirant des savantes recherches de son maître en l'art de la poterie, découvrit un moyen simple mais certain d'épurer cette nouvelle argile, et confectionnant des pièces de toutes formes et de toutes dimensions, ornées d'après les dessins d'un éminent artiste, M Ziégler, il apporta en 1844 une ressource de plus à la céramique ; ses produits répondirent à l'usage auxquels ils étaient destinés ; solides, ils étaient peu chers, et néanmoins ornés ; par un procédé économique il put orner jusqu'à ces grands récipients qui servent de fontaines et qu'avant lui on n'avait pas jugés dignes de la moindre décoration.

Non moins méritants que ceux qui se consacraient à l'amélioration d'un produit d'un usage si répandu, MM. Follet et de Boissimont exposèrent aussi en 1844 des poteries usuelles réunissant les meilleures conditions et d'un bas prix ; ils donnèrent également des preuves de l'étendue de leur fabrication et de leur goût en exposant des poteries plastiques moulées avec soin ; des statues de grandeur naturelle, des vases, des colonnes, des pots à bas-reliefs d'une parfaite exécution et rappelant les poteries plastiques du seizième siècle ; Germain-Pilon, ce grand artiste, contemporain du célèbre Jean Goujon ne les eut pas désavouées.

En 1849, les produits céramiques exposés par un grand nombre de fabricants démontrèrent la persévérance de ceux-ci et les bons résultats d'une fabrication bien comprise.

En 1855, par la simple inspection des produits étrangers, il était facile de se convaincre de la réalité des progrès faits par cette branche Les Allemands et les Anglais exposèrent des pièces nombreuses avec lesquelles celles de nos compatriotes soutinrent avantageusement l'examen le plus impartial.

En 1862, au concours universel de Kensington, parmi les faïences étrangères, on admira surtout les faïences peintes du potier anglais Wedgwood qui s'était associé un habile dessinateur, M. Lessore, qui avait reproduit sur chacune des pièces les tableaux des grands maîtres; les batailles d'Alexandre d'après Lebrun, des scènes d'après P Véronèse; mais ces faïences. par leur valeur artistique incontestable, étaient exclues de tout usage quotidien, et les potiers Français, moins soucieux de sacrifier à l'art véritable, exposèrent des faïences et des poteries émaillées livrables à la consommation la plus étendue, c'est-à-dire d'un prix très-modéré; parmi ceux-ci, il faut distinguer M. Pinard, qui exposa des échantillons de peinture sur émail cru; M. le Dr Lavalle, directeur des fabriques de Premières, qui exposa une quantité d'assiettes et de plats de grandes dimensions pour donner une idée du procédé sur émail cru et pour justifier surtout la renommée que ses fabriques commençaient à acquérir.

Parmi les imitateurs de Bernard-Palissy, nous citerons MM Pull, Barbizet, Avisseau père et fils, de Nevers, dont les produits se recommandaient par une grande pureté de dessins, et M Deck, dont les faïences incrustées dénotaient chez ce fabricant les connaissances variées qu'exige la manipulation des argiles.

PORCELAINE — Ce sont les Chinois qui, les premiers, firent de la porcelaine en leur langue *Tsé-ki*.

Pour nous occuper encore d'étymologie, nous nous rangerons au nombre de ceux qui trouvent que c'est à tort qu'on dit avoir fait le mot « *Porcelaine* » du mot Chinois *Tsé-ki;* la dissemblance des sons ne provoque pas la créance en cette opinion; le mot porcelaine paraît dériver plus vraisemblablement de *Porcelana*, mot Portugais qui signifie : tasse ou vase, et ce qui semblerait ajouter à l'identité de ces deux expressions et combattre l'opinion que nous avons émise plus haut, c'est que précisément ce furent les Portugais, ces hardis voyageurs d'autrefois, qui, vers la première moitié du XVI⁰ siècle, importèrent des quantités considérables de produits Chinois qu'ils répandirent dans toute l'Europe; et bientôt après, des manufactures s'élevèrent surtout en Allemagne et en France.

Mais on ne parvint que très-incomplètement à imiter les modèles apportés de l'Asie; le principe essentiel de la pâte de la porcelaine nous était inconnu, lorsqu'enfin, dans les premières années du XVIII⁰ siècle, un savant chimiste allemand, Bottcher, découvrit dans la vallée d'Aüe sur la Mulde, petite rivière de Saxe, le Kaolin minéral; alors apparurent les importantes manufactures de Saxe, de Meissen et de Leipsig, dont les produits ne le cédaient en rien aux modèles Chinois; quelques années plus tard, nous découvrîmes à notre tour une mine de Kaolin dans le Limousin, et aussitôt nos fabricants de porcelaine de Saint-Cloud et de Vincennes, faisant un heureux emploi de ce minérale, arrivèrent au premier rang avec leurs devanciers d'outre-Rhin.

La manufacture qui acquit le plus promptement une grande renommée, et avec laquelle aucune autre ne saurait rivaliser, est celle qui de Vincennes, où elle avait été établie par une compagnie depuis plus de vingt ans, fut transférée à Sèvres où elle devint, par un décret en date de **1653**, Manufacture Royale.

L'Angleterre n'entreprit que bien après nous la fabrication, en grand, de la poterie et de la porcelaine; mais pour avoir tardé à s'occuper de cette branche, elle n'en a pas moins obtenu d'importants résultats, et aujourd'hui on estime à juste titre sa faïence fine qu'elle fabrique depuis 1766 et qu'elle améliore de plus en plus.

Selon Brongniart, les produits céramiques se divisent en trois catégories :

1° La poterie à *pâte tendre*, qui, est mâte, ou recouverte d'une glaçure; elle comprend plusieurs espèces : la *terre cuite* ou *poterie plastique; la poterie lustrée, vernissée, émaillée*, et la *poterie commune;*

2° La poterie à *pâte dure* et opaque, avec ou sans glaçure; on comprend dans cette catégorie la *faïence fine* et les *grès-cérames;*

3° La poterie à *pâte dure* et *translucide*, c'est-à-dire la porcelaine dure et la porcelaine tendre

Pour la composition des pâtes, on emploie les nombreuses variétés d'argiles; l'*argile figuline* et la *marne argileuse*, pour la poterie commune; l'*argile plastique* pour la terre cuite et la poterie fine, et *le kaolin* et *le sable feldspathique* pour la porcelaine.

La préparation des pâtes exige diverses manipulations qu'il faut pratiquer avec les soins les plus minutieux, surtout pour la poterie fine et les deux espèces de porcelaine; il faut, d'abord, extraire de l'argile les pierres et autres corps durs et étrangers qu'elle renferme toujours, et qui pourraient être un obstacle à une parfaite homogénéité; puis la délayer dans un appareil *ad hoc* dit *cuve*, à l'aide d'un outil appelé *agitateur;* ensuite on *décante*, on l'additionne de substances dégraissantes, on fait *ressuer* ou évaporer le mélange, puis on *pourrit* en l'étendant d'eaux de fumiers.

Suit le façonnage auquel on procède de trois manières :

1° Par le *tournage* à l'aide d'un mécanisme on ne peut plus simple dit *tour à potier*, dont l'usage remonte à 2,000 ans avant J.-C.;

2° Par le *moulage* à l'aide de moules composés de plusieurs parties qu'on ajuste avant l'opération;

3° Par le *coulage* à l'aide de tables en plâtre.

Le plâtre est employé pour ce dernier moyen par ce qu'il est spongieux et qu'il absorbe l'eau qui est un excédent dans les pièces préparées.

On pratique ensuite le *tournassage*, opération qui consiste à régulariser la forme; le *pastillage* ou l'ornementation, le *réparage* ou enlèvement des sutures, et l'*évidage* au percement des fours aux objets creux.

Enfin, dans des fours d'une disposition particulière dans lesquels la poterie grossière est placée sans symétrie, et la poterie fine, ainsi que la porcelaine, par étages, on opère la cuisson pour obtenir la *glaçure* soit par le vernis vitrifiable et transparent, pour les poteries communes et les faïences fines, soit par l'*émail* pour les faïences ordinaires, soit par la *couverte*, enduit terreux qui, sous l'influence d'une haute température, se liquéfie, pénètre dans la pâte, durcit la porcelaine, lui donne le brillant et cette translucidité que nous lui connaissons.

Le refroidissement doit se produire le plus lentement possible, afin qu'une transition subite du chaud au froid ne vienne pas compromettre le succès toujours incertain de la cuisson.

Telles sont les nombreuses opérations qu'il faut pratiquer une à une pour obtenir ces multiples produits dont, sous le nom de vases de toutes formes, d'assiettes, de tasses, etc., nous faisons une consommation si considérable.

Pour colorer la porcelaine et la poterie fine, pour les peindre et les dorer, il suffit d'appliquer sur la pâte les matières colorantes, ou sur la couverte avant la cuisson. Quelquefois les couleurs sont appliquées dans des fours dits : *Fourneaux à moufle*, par la fusion de verres fondants, avec des oxides métalliques.

Nous possédons aujourd'hui, grâce à nos savants et laborieux chimistes, une grande quantité de produits chimiques, à l'aide desquels on obtient de très belles nuances dans l'ornementation des faïences et de la porcelaine.

Parmi ceux aux travaux desquels ont doit une grande part du progrès obtenu, il nous faut citer M. de Saint-Cricq, de Creil, qui en 1839, exposa des porcelaines en terre de pipe, très solides et brillantes; M. Utzschneider, de Sarreguemines, qui exposa des services en porcelaine peinte; chaque pièce était un objet d'art.

MM. J. Petit, de Paris, Discry Talmours, Decaen frères, et autres, qui exposèrent des fleurs, des corbeilles, et diverses pièces de grandes dimensions en porcelaine dure et en porcelaine tendre.

En 1844, on vit apparaître un produit en quelque sorte nouveau, c'était des porcelaines solides et aussi blanches que la porcelaine fine, dont la pâte n'était autre qu'un mélange de kaolin et de feldspath, de l'Allier; M. Honoré, qui avait combiné ce mélange, était arrivé à composer un dosage, dont il fabriquait une porcelaine dure, mais d'un prix modéré, et au moyen de procédés mécaniques, elle était susceptible de recevoir une ornementation simple, mais de bon goût.

En 1849, la variété et le nombre des produits céramiques vinrent montrer que nos fabricants s'étudiaient surtout en faïence et en porcelaine, à fournir des produits améliorés et d'un prix décroissant de plus en plus.

En 1855, à l'Exposition universelle, la manufacture de de Sèvres étala ses produits inimitables, ou la fabrication, sans rivale, et l'art le plus fin s'alliaient pour défier la fabrication étrangère; et le Zollverein, et l'Autriche, et la Prusse, avec leurs coupes montées, et la Saxe, si fière de ses porcelaines, et l'Angleterre, avec ses vases et ses services à thé de formes si diverses, ne porteront pas ombrage un seul instant à la valeur des produits de notre première manufacture.

A côté de ces échantillons, hors concours, étaient ceux de M. Meyer, qui se livrait avec un plein succès à l'imitation de Chine, et ceux de MM. Pepin-Lehallier et Hache, qui exposèrent notamment deux vases en porcelaine bleue, dénotant chez ses industriels des connaissences étendues en céramique.

Au grand Concours, qui eut lieu à Londres, en **1862**, au Palais de Kensington, l'industrie céramique française fut représentée par un tres grand nombre de nos spécialistes ; MM. Haviland, Pouyat, Ardant, Prévost, Daniel, Jardin, Chablin, Lahoche, de Bettignier, Rousseau, et tant d'autres, dont la réputation méritée se répendait de jour en jour ; et, si l'Angleterre avait pour représentants Mington et Wedgwood et Copeland c'est-à-dire si elle plaça à côté des produits de nos fabricants ceux de ces trois céramistes distingués, il n'en resta pas moins établi que notre fabrication en poterie, comme en porcelaine, égalait la sienne

Nous rendrons hommage, toutefois, à M. Mington, qui exposa une fontaine en poterie plastique, la plus belle pièce qui ait jamais été coulée ; et nous reconnaîtrons dignes d'éloges les efforts couronnés d'un succès relatif, de M. de Copeland, qui produisit de belles porcelaines, imitation de Sèvres ; mais imitation seulement, car notre manufacture avait, elle aussi, envoyé ses admirables produits avec lesquels aucun autre ne pouvait soutenir de comparaison.

On put remarquer les bons résultats récemment obtenus par les fabricants allemands, qui exposèrent des porcelaines imitation de Chine, et non sans quelque valeur, mais un de nos compatriotes, M. Maurice Fischer, qui les avait devancés dans ces essais, avait exposé des produits supérieurs

Produits divers.

TUILES ET BRIQUES. — « L'homme nu et exposé aux
» intempéries des saisons, chercha incontinent des abris, et
» en cela, il n'eût qu'à imiter plusieurs espèces d'animaux
» qui, mieux protégés que lui contre le froid, ont cepen-
» dant leurs trous, leurs tannières, leurs nids ; les premières

» demeures de l'homme furent des huttes, des cavernes ou
» des tentes ; quand les Sociétés se formèrent et commen-
» cèrent à cultiver le sol qu'elles foulaient, les hommes son-
» gèrent aussi à se construire des demeures plus solides,
» plus durables et plus commodes. On commença d'abord
» par joindre des troncs d'arbres épars ; puis on prépara,
» par le moyen du feu, avec de la terre et de l'argile, les
» briques et les tuiles, qu'on faisait auparavant seulement
» sécher au soleil. » (Leçons d'histoire générale par Gaudeau.)

Ainsi, il ressort de ces lignes, que la brique, véritable
pierre artificielle, et la tuile ont été fabriquées à une époque où la pierre à bâtir n'était pas encore connu, ou dans
les pays où elle était rare, les premières briques et les premières tuiles furent *crues* ou simplement exposées à l'air
jusqu'à dessication ; mais, à l'humidité, elles perdaient assu-
rément toute leur solidité, aussi leur cuisson au feu a-t-elle
dû être imaginée sans retard.

Non plus qu'on ne peut préciser la date de l'invention des
briques et des tuiles, on ne peut dire à quelle époque remonte, en France, cette fabrication.

Quoiqu'il en soit nous avons obtenu dans cette branche
un degré de perfection qu'on ne saurait dépasser.

Dans le principe la brique se préparait à la main ; aujour-
d'hui on la confectionne mécaniquement.

On emploie l'argile ou toute autre terre friable et grasse
qu'on corroye ou pétrit, après l'avoir à peine humectée, à
l'aide d'appareils, dit *mortiers*, mus par la vapeur, ou mis
en mouvement par un cheval.

Encore humide cette espèce de pâte est placée par quantité déterminée dans des moules mécaniques dont le plus
usité est celui de Terrarson-Fougères, avec lequel un ouvrier exercé peut faire jusqu'à 25,000 briques crues par jour ;
retirées des moules elles sont placées sur champ sur des
planches superposées, et la dessication s'opère d'elle-même
en peu de temps ; enfin on procède à la cuisson dans d'im-

menses fours dans lesquels on en place plusieurs milliers par couches, et entre chaque couche on parsème du charbon de terre qui se consume et aide à la cuisson lorsque l'ignition produits par le foyer, qui est à la base du four, gagne les couches supérieures.

On fait maintenant des briques creuses qui, tout aussi solides que les pleines, sont naturellement plus légères; leur emploi est très-répandu, mais en raison de leur prix plus élevé elles n'ont pas fait renoncer complétement aux autres.

Les briques hollandaises sont réputées les meilleures, mais en 1844, M. Langeais exposa des briques réfractaires qui furent appréciées par les consommateurs, ainsi que celles de M. Boissimon qui a appliqué la vapeur à ses appareils, et qui fabrique près de 15,000 briques par jour.

En 1862, M. Duprat, dont nous parlerons encore, exposa des briques réfractaires appelées avec celles de M. Boissimon à faire mettre de côté les briques hollandaises

La tuile se fabrique à peu près comme la brique, à l'aide de moules; c'est encore l'argile qui en est la base, mais on l'additionne d'une plus grande quantité de sable pour opérer un *dégraissage* plus complet, de même qu'on doit prendre plus de soin à en extraire tous les corps durs.

Les tuiles sont plates et carrées ou à angles courbes. On reconnait leur qualité au son qu'elles rendent lorsqu'on les frappe; plus ce son est clair, meilleures elles sont.

La tuile de Bourgogne a été très-recherchée malgré son poids qui est de 80 kilogrammes le mètre cube. M. Boutenot, en 1844, est parvenu, par une pression exercée mécaniquement sur la pàte placée dans les moules, à obtenir des tuiles non moins solides, dont le mètre cube ne pèse que 30 ou 32 kilogrammes au plus.

CREUSETS, CAPSULES, ETC. — Un produit céramique non moins important que ceux dont nous venons de décrire la fabrication, c'est le creuset employé en chimie et en métallurgie pour la fonte des métaux.

Pour servir à certaines expériences chimiques on fait des creusets en fer, en argent, et quelquefois en platine, mais, ces deux derniers métaux surtout, étant d'un prix très-élevé, les creusets en argile sont assez généralement employés d'autant plus qu'en plus d'un cas ils rendent les mêmes services.

Bien que la fabrication du creuset diffère peu de celle de la poterie à pâte dure, elle offre quelques particularités qui consistent dans le choix de l'argile qui doit être réfractaire, comme, par exemple, l'argile plastique, qui simplement délayé dans l'eau forme une pâte très-homogène qui acquiert par la cuisson une dureté surprenante.

Les creusets de Stesse, très-renommés, ne sont fabriqués qu'avec l'argile plastique ; leur solidité est telle qu'ils peuvent supporter sans se casser une transition subite du chaud au froid, et vice versa.

Dans la fabrication des creusets on range aussi d'autres vases ou récipients employés en chimie, et les capsules ou sorte de petits creusets destinés à aller au feu.

En Angleterre, la fabrication des creusets et autres ustensiles analogues a pris une grande extension. Longtemps nous avons dû faire usage de ses produits, mais en 1844, en exposant des cornues, des serpentaux, des capsules, des creusets de sa fabrication, M Mansard que nous avons déjà nommé pour ses poteries et ses faïences, porta une atteinte sérieuse à la supériorité de nos voisins ; tous ses produits en ce genre réunissaient les qualités requises et furent adoptés dans tous les laboratoires, ainsi que ceux de Mme veuve Langlais, de Bayeux, dont les capsules surtout étaient non seulement de grandes dimensions mais d'une sonorité caractéristique.

M. Mansard et Mme veuve Langlais ont, il est vrai le mérite d'avoir été les premiers à pourvoir aux besoins de nos chimistes dont les travaux sont d'un secours si puissant à toute notre industrie ; mais ils ont eu des imitateurs dont les produits ne le cèdent en rien aux leurs; tels que les creusets, serpenteaux, capsules, etc., sortis des fabriques de M. Duprat, de M. Deyeux et de MM. Touchard et C°, qui, en 1862, exposèrent de très-beaux spécimens de leur fabrication.

La plupart des produits céramiques nous ont longtemps été fournis par les nations étrangères; l'Allemagne a exporté chez nous ses poteries, l'Angleterre sa porcelaine usuelle, la Hollande ses briques, le duché de Hesse ses creusets, mais nos fabricants jaloux de rivaliser avec leurs concurrents d'autres pays, ont travaillé avec ardeur à imiter ces produits, non contents d'atteindre une parfaite imitation, ils se sont imposés la tâche de les surpasser, et si leurs efforts ne sont pas encore couronnés d'un résultat complet, les améliorations partielles qu'ils ont obtenues sont sensibles, et puisant dans ce demi succès un encouragement qui leur est dû ils obtiendront bientôt, n'en doutons pas, un succès complet qui nous affranchira d'un tribut payé trop longtemps à nos voisins.

VERRERIE. — Pline, l'ancien, s'est complu à attribuer au hasard la découverte du verre; l'anecdote invraisemblable qu'il rapporte, et qui a été souvent reproduite pour décrire l'origine de ce corps, est de pure invention et démontre qu'archéologues et fabulistes se rencontrent trop fréquemment au détriment de l'histoire; aussi faut-il se garder d'ajouter une foi entière à ces récits dont l'authenticité contestable s'abrite derrière les siècles.

L'art de la verrerie était pratiqué par les Égyptiens et les Phéniciens. Les villes d'Alexandrie et de Sidon possédaient des verreries renommées; ce sont les Arabes qui importèrent cette industrie en Europe; ils s'établirent à Venise et à Rome. Plus tard les Grecs firent aussi du verre, et enfin cette fabrication pénétra dans les Gaules et en Espagne,

Si on en croit le célèbre Winckelmann, les anciens ont porté la verrerie à un plus haut degré de perfection que les modernes ; on a trouvé en Italie des morceaux de verre coloré représentant des animaux et des dessins d'ornement très finement exécutés dans l'épaisseur du verre ; aujourd'hui on a perdu ce secret d'incruster les dessins dans ce corps transparent ; on ne sait plus que fixer les couleurs à la surface.

Dion Cassius rapporte qu'un verrier romain aurait, sous le règne de Tibère, trouvé le moyen de rendre le verre malléable ; mais ce corps paraissant ne devoir jamais s'assouplir, cet auteur fait sans doute allusion à quelques essais infructueux.

L'Italie et la France furent les premières qui entreprirent la fabrication du verre en grand. Elles se partagèrent même longtemps le monopole de la verrerie commune.

La verrerie de luxe n'était spécialement fabriquée qu'en Orient.

Vers le septième siècle, les Anglais montèrent leurs premières fabriques ; après eux, les Allemands et presque tous les peuples du Nord adjoignirent cette branche à leur industrie respective.

A l'époque des croisades, la verrerie de luxe, importée de Constantinople, fit de rapides progrès en Allemagne, et notamment en Bohême.

Chez nous, la fabrication de la verrerie de luxe rencontra quelques difficultés. Après de vaines tentatives faites sous Henri II et sous Henri IV, Colbert parvint enfin à fonder une fabrique de glaces soufflées aux environs de Cherbourg, à Tourlaville. Un ouvrier de cet établissement, Lucas de Néhou, suppléa aux défauts du soufflage par le coulage, et, en raison de l'habileté qu'il avait acquise dans cette spécialité, il fut nommé directeur de la fabrique de Saint-Gobain, dont la création date du dix-septième siècle.

Les Anglais avaient inventé le cristal ; mais au moyen âge, le moyen de donner au verre cette limpidité et cette finesse fut perdue, et ils eurent le bonheur de le recouvrer plus tard. Nous le leur avons emprunté, et ce n'est qu'en 1784 qu'un M. Lambert construisit à Saint-Cloud, près Paris, le premier four à cristal. C'est de cette époque que datent les progrès incessants que nous avons faits en verrerie comme en cristallerie. La verrerie comprend trois classes principales :

1° Le verre à vitres dont la fabrication, d'après saint Jérôme. remonte au troisième siècle ;

2° Le verre de Bohême et le clown-glass ;

3° Le verre à bouteilles.

Les matières employées sont les silicates de soude, de potasse, de chaux, d'alumine et d'oxyde de fer ; on mélange ces corps, et on les calcine jusqu'à ce qu'ils forment une masse homogène ; cette opération s'appelle *fritte*.

Après la fritte, on met la pâte dans des creusets placés dans un fourneau d'une construction particulière ; alors s'opère la fusion, pendant laquelle les matières hétérogènes qui surnagent à la surface sont enlevées avec soin. C'est pendant qu'il est encore en fusion que le verre est façonné et reçoit ces nombreuses et gracieuses formes que nous lui connaissons, après quoi on fait recuire dans une autre espèce de four les pièces ainsi préparées.

MIROITERIE. — Les anciens avaient des miroirs faits d'une feuille de métal quelconque, cuivre, bronze, argent ou or, parfaitement polie. Au dire de Pline, ce serait un nommé Praxitèle qui aurait imaginé le miroir d'argent La Bible parle, sans les décrire, des miroirs dont les femmes des Hébreux se servaient, et elle permet ainsi de faire remonter l'invention du miroir à une époque bien antérieure à celle où vivait ce Praxitèle.

Ces premiers miroirs étaient de petite dimension et de forme ronde et ovale ; le plus souvent on les entourait de cadres richement orné d'or et de pierres précieuses ;

ils étaient munis d'un manche; on les appendait aux murs ou on les faisat porter par un esclave.

A Sidon, une des premières villes où on fabriqua le verre, on imagina de confectionner des miroirs en collant sur une des surfaces d'une feuille de verre des feuilles d'or ou d'argent.

Comme on le voit, les anciens avaient parfaitement conçu l'idée du miroir. La fabrication moderne ne diffère que par la substance employée pour donner au verre la vertu de refléter la forme, la couleur des objets qu'on place devant lui.

Pour obtenir une glace semblable à celles que nous avons dans nos appartements, on place d'abord la feuille de verre, qui est plus ou moins épaisse, et à laquelle on vient de faire subir un lavage minutieux sur une surface métallique bien plane, qui est chauffée à une température déterminée ; on cherche ensuite le niveau exact, après quoi on verse, selon le système adopté, une ou plusieurs dissolutions de sels et d'acides spéciaux, et on lave légèrement lorsque la couche est assez sèche pour supporter ce lavage Enfin, lorsque la dessication est complète, on revêt la couche d'une peinture au minium pour la protéger contre l'air et l'humidité.

En 1839, nos principales verreries exposèrent des produits variés et témoignant de la rapidité avec laquelle cette branche a progressé.

La fabrique de Choisy-le-Roi, alors confiée à la direction de M. Bontemps, exposa des vitres et surtout des globes ou cylindres de grandes dimensions, et néanmoins d'une netteté irréprochable ; pour obtenir cette perfection, M. Bontemps a imaginé de mettre en usage une machine soufflante, évitant l'irrégularité du soufflage ordinaire pratiqué par les ouvriers dont la santé s'altérait à cette opération fatigante.

La cristallerie de Baccarat (Meurthe) se servait aussi d'une machine analogue et peut-être plus complète, dont l'invention était due à un ancien ouvrier, M. Robinet, et à l'aide de laquelle on pouvait façonner des verres, des cristaux et tous autres objets de toutes formes. Depuis 1839, Cet appareil très simple a été rendu de plus en plus appropriable à la verrerie, et aujourd'hui il fonctionne dans toutes les fabriques où le verre est travaillé avec soin.

Le matériel du verrier s'est encore augmenté d'un outil bien utile, servant à couper le verre et à dresser les globes ; comme tout moyen mécanique, cet outil opère correctement, et substitue, à une opération difficile et coûteuse, un procédé très-simple et très économique.

En 1839, la verrerie de luxe de fabrication française était représentée par bon nombre de produits sortant des fabriques de Monthérail, de Marseille, de Plain-de-Walsch et de Saint-Louis ; ces produits consistaient en glaces soufflées, en gobeletterie, en verres imitation de Bohême et en verrerie émaillée.

Ces mêmes fabriques prirent encore part au concours de 1844 pour montrer de nouveaux progrès ; la cristallerie de MM. Launay, Hautain et Cie fit figurer des verreries opaques et blanches, destinées à remplacer la porcelaine ; cette espèce de verrerie est moins chère que la porcelaine, mais sa fragilité est un obstacle à sa complète admission.

MM. Billas, Maumaine et Cie exposèrent aussi divers objets en cristal, mais en petit nombre ; toutefois, la pureté et la limpidité de leur cristal ont fait remarquer les produits de cette maison, qui pouvait soutenir la concurrence de ses devancières.

En 1849, avec le secours de la chimie, cette science inépuisable, qui portera un jour l'industrie à son apogée, aidés par leurs intelligents ouvriers, les fabricants de verre exposèrent des produits rivalisant avec les plus parfaits que les fabriques étrangères pouvaient fournir ; la cristallerie Baccarat se plaça à la tête du progrès en exposant des verreries de luxe, telles que vases et lustres d'une confection irréprochable sous tous les rapports ; la cristallerie de

Saint-Louis, prenant aussi part à ce concours, montra que, par ses efforts persévérants, elle se placerait bientôt au même niveau que la maison de Baccarat.

A l'Exposition universelle de 1855, la Belgique fut représentée par les fabriques de Floresse, qui exposèrent, entre autres choses, une glace de grande dimension ; malgré quelques défauts peu apparents, cette pièce était un bel échantillon du talent des verriers belges ; la verrerie d'Aix-la-Chapelle envoya également une glace de grande dimension coulée et soufflée sans défauts, mais sa teinte bleuâtre décélait un vice dans la composition de la pâte ; la pièce la plus pure, la plus digne de l'admiration des connaisseurs, fut la glace fournie par la cristallerie de Saint-Gobain ; elle était de la plus grande dimension, et l'œil le plus exercé n'y aurait pas découvert la moindre défectuosité.

Cette victoire, remportée sur l'industrie étrangère, fut renouvelée en Angleterre au grand concours universel de Kensington, en 1862 ; là, comme à Paris, la verrerie française fut proclamée la première.

Un tel triomphe est le plus efficace des encouragements, et nous dispense d'exhorter nos fabricants à suivre la voie qu'ils se sont tracées eux-mêmes ; atteindre la perfection, se placer au premier rang, était leur but, et il l'ont atteint ; mais, dès à présent, ils doivent aspirer à s'y maintenir, et leur amour-propre et leur intelligence, secondant leur intérêt personnel, leur permettront de vaincre certaines difficultés de fabrication combattues jusqu'à présent sans succès, et ils se placeront d'eux-mêmes à une hauteur à laquelle l'industrie étrangère ne pourra prétendre.

TAPISSERIE

C'est dans les contrées de l'Asie orientale que furent travaillées les premières tapisseries ; les Grecs, et plus tard les Romains, prenant modèle sur ces belles productions de l'art asiatique, obtinrent de très beaux résultats. Mettant à profit leur goût pour les Beaux-Arts, l'un et l'autre de ces peuples fabriquèrent des tapisseries-tentures, sur lesquelles étaient représentés ou des faits historiques, ou des cérémonies religieuses, ou leurs dieux et leurs attributs ; ils en ornèrent les temples et les monuments publics. Avant eux, les Mèdes, dit le conseiller Goguet, ne fabriquaient la tapisserie que comme objet de luxe ; chez eux, déjà, ce produit avait une valeur considérable, bien qu'ils n'y représentassent, selon Millin, que des animaux imaginaires ou des dessins informes.

L'origine de cette industrie, en France, paraît remonter au huitième siècle, à l'époque de l'invasion des Sarrazins, sous le règne de Charles Martel, en 732. Parmi ces barbares, accourus de l'Arabie pour envahir les contrées méridionales de l'Europe, mais qui furent repoussés de toutes parts, étaient ces nombreux ouvriers tapissiers qui se fixèrent sur notre territoire, et fondèrent plusieurs petits établissements dans le Poitou.

Ainsi prit naissance, chez nous, cette industrie, qui est actuellement une de nos gloires nationales. Plus tard, la manufacture d'Arras, qui fut fondée vers le quatorzième siècle, fournissait de si beaux produits que Charles VI les jugea dignes de figurer au nombre des présents qu'il envoya à Bajazet, sultan des Turcs.

Sous François Ier et sous Henri II, il fut créé plusieurs manufactures; Henri IV, à l'instigation de son ministre et ami Sully, en fonda plusieurs, parmi lesquelles on désigne celle de la Savonnerie, dont les ateliers, d'abord installés au Louvre, puis transférés peu de temps après à Chaillot, alors petit village de la banlieue de Paris, furent réunis en 1825, sous le règne de Charles X, à la manufacture des Gobelins.

Sous Louis XIV, le nombre s'en accrut encore; c'est sous le règne de ce grand monarque que fut fondée la manufacture royale des meubles de la couronne.

L'origine de cet établissement, connu encore aujourd'hui sous le titre de : Manufacture des Gobelins, remonte au quatorzième siècle. Deux frères, nommés Gobelin, natifs de Reims, installèrent une draperie et une teinturerie dans l'ancien faubourg Saint-Marcel. Ce double établissement était situé sur les bords de la Bièvre, petite rivière au lit étroit et peu profond dont l'eau est connue pour être très-propre à la teinture. A l'époque où déjà la tapisserie semblait prendre de l'extension, les frères Gobelin l'entreprirent, et le succès ne se fit pas longtemps attendre. Philibert, neveu et fils du précédent, leur succéda dans l'exploitation de ces grands ateliers; et non moins intelligent et actif que ses prédécesseurs, il acquit une telle renommée qu'on finit par appeler « *quartier des Gobelins* » le quartier qu'il habitait. Il céda la direction de ses ateliers aux frères Canaye, qui furent remplacés par Liausen, Jean et Glucq, hollandais d'origine. Ces derniers, tout en continuant la teinture en écarlate à l'aide de procédés inventés par les frères Gobelin, travaillèrent la belle tapisserie de tenture, et Colbert, alors ministre, remarquant la beauté des ouvrages exécutés dans cette fabrique, provoqua l'édit de 1667, qui l'institua manufacture royale.

« Depuis ce temps, dit Gaudeau, la manufacture des Go-

» belins n'a cessé de produire ces admirables tissus, qui
» ont toujours gagné en perfection, et où l'art fait appa-
» raître ces figures dont la délicatesse et le fini le disputent
» aux produits du pinceau le plus délicat et le mieux
» exercé. »

La tapisserie se fait à l'aide de l'un de deux métiers dits
à *haute* ou *basse-lice*.

Avec le métier à *haute-lice* l'ouvrier, debout derrière la
chaîne du cannevas, sur lequel il a, au préalable, dessiné le
modèle à reproduire, à l'aide d'un décalqué, met en mouvement deux pédales qui déplacent verticalement les croisures ou fils dont la chaîne est formée, et, pendant ce dé-
placement des croisures, il place les brins de laine selon les
couleurs indiquées sur le modèle qu'il copie.

Avec le métier à *basse-lice*, les fils ou croisures étant dé-
placés horizontalement au moyen des mêmes pédales, l'ouvrier peut travailler assis.

Bien que les ouvriers en tapisserie ne travaillent que
d'après des modèles peints, il faut qu'à l'habileté dans le
placement des brisés et dans le maniement des métiers ils
joignent le bon goût, qui est le meilleur guide ; il faut qu'ils
soient même coloristes ; c'est donc à de vrais artistes qu'on
doit ces tentures représentant des sujets, des portraits, des
groupes, des scènes historiques, et qui ne le cèdent en rien
ni par le dessin, ni par la couleur, ni par les effets de perspective et les bonnes dispositions des personnages, aux
tableaux des meilleurs peintres.

La tapisserie-tenture, que nous appellerons donc *artistique*, ne se fait, ainsi que les tapis dits « *de la Savonnerie*, »
qui sont également une spécialité de la manufacture des
Gobelins, qu'au métier à *haute-lice*. Le métier à *basse-lice*
est plus employé pour la fabrication de la tapisserie que,
par opposé, nous appellerons *industrielle*.

Dans cette deuxième catégorie, nous rangerons les tapis
veloutés, les tapis ras, les tapis d'Aubusson, que sous la
forme de descentes de lits, de tapis de pied, de tapis de

foyer, de garnitures de meubles, etc., on fabrique à Turcoing, à Bordeaux, à Amiens, à Abbeville, à Felletin, à Aubusson, à Roubaix, à Nîmes, à Beauvais, à Tours et à Paris.

On fabrique aussi deux sortes de tapis, communément appelés *écossais* et *moquettes*, avec le métier Jacquart. En raison de l'économie apportée dans la main-d'œuvre, ces tapis sont d'un prix très modique, et on les voit dans tous les appartements.

Il est encore une espèce de tapisserie dont on orne les meubles, dont on fait des coussins, dont on confectionne aussi ces chaussures si commodes, appelées *pantoufles*, nous voulons parler de la tapisserie à l'aiguille, qui fait une des occupations les plus agréables et les plus utiles des dames, outre qu'elle constitue presque une industrie particulière qui produit de très-beaux objets dont le dessin et la forme attestent le goût exquis des ouvrières en ce genre.

Au concours de 1844, la tapisserie fut représentée par un nombre considérable de tapis de toutes espèces sortis des principales manufactures d'Aubusson, d'Abbeville, etc., dont les directeurs étaient : M. Sallandrouze, d'Aubusson, qui a tenté avec succès la fabrication et la tapisserie-tenture telle que la tapisserie des Gobelins la fournit; MM. Flaissier frères, de Nîmes; MM. Roussel, Requillart et Chocquel, de Turcoing; Barbaza, de Belloy, et Vayson, d'Abbeville.

Les plus beaux tapis exposés étaient sans contredit ceux de MM. Roussel, Requillart et Chocquel, qui s'efforçaient de disputer aux manufactures d'Aubusson le mérite d'une fabrication exceptionnelle, et ces intelligents tapissiers prouvèrent, en 1849, qu'ils possédaient tous les éléments nécessaires pour satisfaire leur louable ambition.

Disons aussi que les produits de M. Vayson et de M. Laroque, de Bordeaux, n'étaient pas loin de valoir ceux de leurs confrères.

En 1855, M. Sallandrouze, d'Aubusson, attire encore une

fois l'attention générale. Après les tapis des Gobelins et de la Savonnerie, que nous ne citons plus, car tout parallèle avec eux nous semble inadmissible, ceux de ce fabricant étaient les plus beaux qu'on pût voir.

Bien que nous ayons vanté sans réserve les tapis de la manufacture des Gobelins, qui n'a à craindre aucune rivalité pour la tenture, et les fabriques d'Aubusson et de Turcoing, dont les tapis sont dignes aussi d'orner les palais, nous ne voulons pas cependant qu'on nous accuse d'ingratitude envers les autres industriels, qui n'ont pas moins droit à des éloges, parce qu'ils ne fabriquent que des tapis d'un usage moins relevé ; mais les tapis de pieds, mais les descentes de lit, les moquettes, les tapis ras et tant d'autres qui toujours ont su tenir leur place à tous les concours nationaux et universels, seraient là pour nous reprocher notre oubli. Disons donc que ceux de nos tapissiers qui ont cru devoir restreindre leur industrie à la fabrication de ces tapis, dont l'usage est si commun, ont des droits incontestables à la gratitude du consommateur qui, grâce a eux, peut, à bon marché, garnir son appartement, sa mansarde même, de tapis solides, tissés avec soin, et ornés de dessins gais et variés, ou le goût et la correction ne font pas toujours défaut.

IMPRESSION DES ÉTOFFES

IMPRESSION. — C'est encore de l'Inde, ce pays « *qui par ses richesse sa population et son importance territoriale, égale plus d'une partie du monde* », que nous viennent la teinturerie et l'impression des étoffes.

Sans le secours des couleurs nous n'aurions que des tissus uniformément blancs, et ce sont les indiens qui les premiers les ont employées pour teindre les étoffes, et pour les imprimer ; les *Salampours*, les *Chites* au *toiles Perses*, les *Burgos* et les *Steinkerques*, les indiennes en un mot, ces beaux tissus aux mille nuances, aux couleurs et dessins variés, que les voyageurs nous ont apportés de ce pays lointain, nous attestent l'intelligent usage qu'ils en savent faire.

En Europe on a commencé par n'imprimer que le coton par les procédés indiens importés dans notre contrée vers la fin du quinzième siècle par les Hollandais auxquels, comme aux Portugais, on doit l'importation de plusieurs produits asiatiques dont la fabrication s'est promptement répandue dans toutes les nations Européennes.

Pourtant, en France, l'impression et la teinture sur étoffes ne remontent qu'au dix-huitième siècle.

En 1759, le Suisse Oberkampf fonda une manufacture à Jouy, (Seine et Oise) ; quelques années plus tard, prenant modèle sur l'installation de leur devancier, Frey son compatriote, et Fourchet, normand d'origine, en créérent de nouvelles aux environs de Rouen ; nous pouvons donc considérer Oberkampf et ses deux imitateurs comme les créateurs, en France, de cette double industrie, teinturerie et impression des étoffes, qui complète si bien celle des tissus proprement dits.

Aujourd'hui, avec la Suisse et l'Angleterre nous occupons le premier rang, et grâce aux savantes recherches de nos chimistes et d'habiles praticiens, nous avons étendu l'application des procédés primitifs à la teinture et à l'impression de la soie, de la laine et des végétaux, en même temps que nous avons augmenté nos ressources, c'est-à-dire, qu'outre les couleurs végétales connues et employées dès le début, nous possédons actuellement des produits minéraux à l'aide desquels il est facile a nos industriels d'obtenir une plus grande variété de nuances que leurs prédécesseurs.

Comme nous aurons l'occasion de le dire lorsque nous parlerons des *Produits chimiques*, en 1802 naquit pour ainsi dire cette branche importante dont les résultats ont été si féconds en perfectionnements de toute nature ; alors c'étaient Gay-Lussac, Chaptal, Berthollet et autres savants encore, qui découvraient un à un ces produits chimiques, et qui avec leurs élèves Raymond, Braconnat, Labillardière et Lassaigne contribuèrent si largement aux progrès que cette branche a faits chez nous, et au concours de laquelle nous devons en plus d'un point une grande supériorité sur nos rivaux.

TEINTURERIE. — La teinture diffère de l'impression en ce qu'avec celle-là on n'obtient que des teintes unies, et qu'avec celle-ci on obtient des dessins multicolores sur des fonds unis.

La teinture est précédée, selon la nature du tissu, d'une opération qui consiste à débarrasser la matière première de toute substance qui pourrait nuire à la fixation de la couleur.

Ce sont : le *Blanchiment* pour les tissus, ou paquets de fils végétaux en général ;

Le *Décreusage* pour la soie ;

Et le *Désuintage* pour la laine ;

Ces opérations achevées, on procède au *Bousage* ou immersion répétée dans un bain composé de bouse de vache, employée en raison des sels qu'elles contient, et dont la propriété est d'isoler les corps hétérogènes.

Enfin suit la *Teinture* qui se pratique par une immersion répétée un certain nombre de fois dans un bain de couleur, après quoi on fait sécher.

Aujourd'hui on obtient plus de fixité dans la couleur par l'application de la vapeur au bain de teinture.

Il n'existe pas encore de machine a l'aide de laquelle on puisse en employant des fils de diverses couleurs, composer des dessins dans les tissus ; le procédé mécanique, tout en simplifiant la main-d'œuvre ne pourrait peut-être qu'augmenter le prix de revient, car il exigerait un matériel considérable puisqu'il faudrait un métier dessinateur pour chaque forme de dessin.

Toutefois on se sert dans l'industrie de l'impression des étoffes, de machines aussi simples qu'ingénieuses dont l'invention remonte au commencement du dix-huitième siècle, et qu'on emploie aussi dans la fabrication des papiers peints. Bientôt nous parlerons de cette industrie dont Paris semble avoir le monopole, parce qu'en effet Paris est la seule ville qui fournisse les plus beaux produits en ce genre ; mais c'est ici que nous devons parler d'une invention récente ! la *Perrotine*, ainsi nommée du nom de son inventeur M. Perrot, imprimeur sur étoffes à Rouen, et qui pour la première fois fut exposée en 1839

Nous n'entrerons pas dans les munitieux détails d'une description qui, si exacte qu'elle fut, ne saurait suppléer au fonctionnement ; nous rapporterons textuellement les paroles que prononça M. le Baron Séguier, chef du jury, lors de la distribution des récompenses. Il dit : « l'œuvre de M. Perrot
» est une véritable conquête pour l'industrie ; elle débar-
» rasse l'impression des indiennes des exigences d'ouvriers
» qui se croyaient indispensables, parce que jusqu'ici il

» n'ont pu être remplacés. Comme toutes les bonnes choses,
» cette nouvelle machine eût à lutter contre la routine, elle
« a de plus le mauvais vouloir d'hommes dont ont détruit
» les prétentions en les faisant rentrer dans la classe com-
» mune. *La Perrotine* est sortie victorieuse de toutes ces
» épreuves, la généralité de son emploi est le meilleur té-
» moignage de son succès, le nom de *Perrotine*, qu'elle a
» reçue dans le monde industriel, ouvre la série des récom-
» penses réservées à son inventeur. »

La Perrotine, à en juger par l'importance que les lignes
lui donnent, est à l'impression des tissus ce que le métier
à la Jacquart est au tissage des étoffes.

En 1839, il fut aussi exposé deux appareils destinés spécialement à l'impression des étoffes, et donnant plusieurs
couleurs à la fois ; mais quelques imperfections dans la
construction, des difficultés dans la mise en usage furent un
obstacle à leur adoption.

Autrefois, pour faire le fond, après une sorte de *polissage*
des étoffes, qui se pratique encore à l'aide de *tondeuses*
employées dans la fabrication des draps, on étendait la
couleur, délayée à point, avec un pinceau, maintenant on
se sert de machines à cylindrer ; après cette opération, on
mettait *aux blocs*.

Les machines ainsi nommées étant encore employées
dans quelques fabriques de papiers peints, nous ne les décrirons pas ici, la perrotine ou *bloc mécanique*, leur ayant
été généralement substituée pour l'impression des étoffes,
surtout depuis que son inventeur l'a modifiée à ce point
qu'elle peut donner jusqu'à cinq à six couleurs à la fois.

En 1844, M. Perrot exposa des blocs mécaniques fournissant 280 coups de planche à la minute et imprimant
250 mètres d'étoffe par heure.

Les Anglais ont aussi des *blocs* mécaniques, mais qui
sont loin d'approcher de cette perfection. N'oublions pas de
dire, en passant, que la perrotine est venue porter un grand
secours à l'imprimerie lithographique ; il en fut exposé une

en 1844, appropriée à cet usage, et son emploi dans cette
industrie de première nécessité, a justifié les éloges éclatants qui lui ont été décernés en 1839, lors de son appa-
rition.

PAPIERS PEINTS

L'industrie des papiers peints est d'origine chinoise, ce sont les Hollandais, les Phéniciens du Nord, qui l'ont introduite en Europe ; ce ne fut qu'au dix-septième siècle que cette industrie pénétra chez nous ; et c'est à Rouen, où, quelques années plus tard, s'établit une manufacture pour la teinturerie et l'impression des étoffes, qu'apparut la première fabrique de papiers peints.

Cette branche resta longtemps stationnaire ; les progrès qu'elle fit ne furent sensibles qu'après son introduction à Paris, par Reveillon, très peu de temps avant la République.

De nos jours, cette industrie a atteint dans notre luxueuse capitale un tel degré de perfection que nous ne comptons pas de rivaux ; nous lui devons encore la richesse et l'élégance de nos appartements et l'ornement de l'habitation de l'opulent et du prolétaire, car, à peu de frais, aujourd'hui, on peut tapisser les murs de la chambre la plus simple avec des papiers aux dessins élégants et aux couleurs riantes ; on a, aux prix les plus modestes, des papiers fabriqués mécaniquement à l'aide de la perrotine, dont nous avons déjà parlé.

Pour tenir la promesse que nous avons faite, lorsque nous avons décrit l'impression sur étoffes, nous allons énumérer les opérations de la fabrication des papiers peints, telle qu'elle était pratiquée d'une manière générale avant 1839, et qu'elle l'est encore depuis, mais partiellement.

Avec une brosse à longs poils, on étend d'abord sur la feuille la couleur unie qui fait le fond ; on ne tarda pas à substituer à ce moyen manuel l'emploi de cylindres mus mécaniquement ; après l'extension de cette première couche, on fait sécher, et on *lisse* ou *polit* à l'aide d'une pierre spéciale ou de craie pulvérisée, puis on met aux *blocs*.

Les machines dites *blocs* se composent de deux planches superposées, à plan parfait, dont l'une, celle de dessus, est mobile ; à l'aide de lames en cuivre, aussi minces que possible, on reproduit sur la planche mobile une partie du dessin, et on la charge de couleur, on l'applique sur la feuille de papier étendu sur la planche inférieure, et on presse à l'aide d'une flèche ou traverse fixée par une extrémité à une sorte de manivelle très solide.

On ne reproduit qu'une partie du dessin, avons-nous dit, parce qu'en effet, avec un *bloc*, on n'obtient qu'une couleur ; il faut donc autant de *blocs* pour colorer une feuille, qu'il entre de couleurs dans le dessin qu'on veut reproduire.

A ce système compliqué et coûteux, le système simple et économique de M. Perrot fera toujours une grande concurrence, puisque la perrotine, nommons-là encore, donne jusqu'à six couleurs à la fois, et même plus ; car M. Perrot s'est fait un devoir, non dans son intérêt personnel, mais dans le but d'apporter à l'industrie de l'impression des étoffes et des papiers peints un secours inespéré, de perfectionner son idée, qui est l'objet constant de ses méditations. Les produits qui figurèrent à toutes les Expositions nationales et universelles, prouvèrent qu'il n'a pas travaillé en vain.

Parmi ceux qui font de la perrotine le meilleur usage, il faut distinguer MM. Schwart et Huguenin qui n'ont cessé d'exposer des toiles imprimées pour meubles d'un goût recherché.

FABRICATION DU PAPIER.

Le premier de tous les papiers, celui dont on fit usage même avant le parchemin, fut le *papyrus*, mot duquel dérive le mot papier. Le papyrus croissait en abondance sur les bords du Nil, ce fleuve dont le limon est la cause de la fertilité du sol égyptien. C'est donc en Égypte qu'on commença à fabriquer le papier avec cette substance végétale que les naturalistes nomment Cypérus-Papyrus.

Cette espèce de papier était fabriquée à la main ; la tige de la plante que nous venons de désigner était d'abord séchée, puis on la divisait en filaments en la battant à l'aide de petits maillets en bois. Ces filaments étaient entre-croisés horizontalement et verticalement et formaient une feuille carrée plus ou moins grande selon la longueur des fils employés ; on la mettait sous presse et on la polissait à l'aide d'une dent de cheval.

Les Romains, pendant longtemps, ne connurent pas d'autre papier, ils en firent même de plusieurs qualités qui étaient diversement nommés : *Charta-Sacra, Augustal, Saïtique, Livien, Lenéotique.*

L'usage de ce papier végétal fut bientôt abandonné lorsqu'apparut le papier animal, désigné aujourd'hui sous le nom de *parchemin*, autrefois *pergamenum*, du nom de Pergame, ville de l'Asie-Mineure où la fabrication de ce papier prit naissance.

Pendant trois cents ans au moins on en fit un usage exclusif, et maintenant encore on s'en sert pour la reliure, pour l'inscription des titres de noblesse, des diplômes, etc.; deux chimistes, Figuier et Poumarède, ont même découvert un parchemin artificiel qu'ils ont appelé *papyrine* et dont l'emploi est assez répandu.

Enfin le parchemin employé comme papier fut à son tour remplacé par un nouveau papier végétal dit *papier de coton*, plus léger et moins couteux, dont la découverte due aux Chinois, qui inventèrent presque tous les arts, ne fut importée en Europe par les Arabes que vers le premier siècle de l'ère chrétienne

Les premières fabriques européennes furent montées à Xativa, ville de l'Espagne méridionale, et les plus anciennes chez nous sont en Languedoc et remontent au onzième siècle. En Angleterre on ne fabriqua le papier de coton que dans le quinzième siècle.

A l'emploi du coton naturel succéda l'emploi des chiffons de coton, de lin et de chanvre, et par des préparations semi-manuelles, semi-mécaniques, outre une variété infinie de papiers tous très utiles, indispensables même, nous avons obtenu des produits dont nous pouvons tous apprécier la valeur.

Les préparations manuelles consistent dans l'apprêtage des chiffons qui sont d'abord *triés* ou divisés par espèces, *délissés* ou dégarnis de leurs ourlets ou coutures, puis *coupés,* après quoi on le *met au blutoir*, opération qui consiste à secouer fortement les chiffons pour en extraire la poussière ; on procède ensuite au *lessivage* et au *rinçage ;* lorsqu'ils sont secs on opère le *défilochage,* ou conversion en charpie à l'aide de machines aussi simples qu'ingénieuses, et cette charpie est enfin *blanchie*.

L'*affinage* ou mise en pâte se faisait autrefois manuellement comme les opérations précédentes ; aujourd'hui, au moyen d'un appareil qui diffère peu de celui avec lequel on convertit les chiffons en charpie, on obtient, après le blanchiment de celle-ci, une pâte qui peut s'étendre en couche aussi mince que possible.

Autrefois aussi le papier était entièrement fabriqué à la main, mais toute utile que peut paraître une comparaison entre le procédé manuel des temps reculés et le procédé mécanique actuel, elle ne nous a pas semblé si indispensable que nous n'ayons cru devoir l'omettre, pour être succinct nous nous bornerons donc à décrire le dernier.

Son invention ainsi que son introduction dans nos manufactures est toute moderne. En 1799, Robert d'Essonnes se livra à la recherche d'une machine à fabriquer le papier; ses nombreux essais n'amenèrent que des résultats insuffisants; toutefois son idée première, comprise et étudiée par Didot Saint-Léger, permit à celui-ci d'inventer un appareil qu'il modifia bientôt en le perfectionnant et qui, après avoir fonctionné en premier lieu en Angleterre, ne fut admis chez nous qu'en 1814, parce que, faut-il l'avouer à notre honte, de même le malheureux Philippe de Girard avait été obligé de recourir aux capitalistes Autrichiens pour propager son métier à filer le lin, de même Didot Saint-Léger fut contraint d'aller demander à l'Angleterre des capitaux qu'on lui avait refusés en France, et les Anglais, non plus intelligents que nous, mais heureux de saisir cette occasion de nous devancer, accueillirent avec empressement cet inventeur déçu.

La machine de Didot est dite à *papier continu*, et exécute à elle seule plusieurs opérations. Encore liquéfiée la pâte est versée dans une *cuve-agitateur* d'où elle s'échappe pour s'étendre sur une grande toile métallique sans fin, puis elle passe entre deux cylindres et elle s'étale uniformément par le mouvement qui lui est imprimé, pendant que son humidité disparait peu à peu; lorsqu'elle a acquis assez de consistance on l'enlève, deux autres cylindres achèvent sa transformation et la feuille, conservant un reste d'humidité, est enroulée sur des tambours chauffés où sa dessication se complète; là, de nouveaux cylindres s'en emparent, la lissent et la cèdent enfin au dévidoir d'où on l'enlève pour la couper en feuille aux dimensions voulues.

En un mot, le procédé manuel n'est encore employé que dans la fabrication de certains papiers dont l'usage requiert une grande solidité, tels sont le papier *vélin*, le papier *vergé*, le papier *de riz* et le papier *de Chine*.

Il existe encore d'autres variétés, parmi lesquelles nous désignerons le papier *brouillard*, destiné à sécher l'encre en l'absorbant; pour lui donner cette qualité, on le fabrique avec toutes sortes de chiffons et on ne l'*encolle* pas; le papier *gargousse*, servant de bourre dans le tir des canons, il est exclusivement composé de matières animales; et enfin le papier *Joseph*, servant à envelopper les objets fragiles, dont l'emballage demande beaucoup de précautions; il a été inventé par Joseph Montgolfier, qui lui a donné son nom. Ce papetier, établi à Annonay, l'un des premiers fabricants Français, a exposé de très beaux produits à toutes les Expositions nationales de 1798 à 1849.

Il est un autre produit, dont il nous faut parler, c'est le carton dont la fabrication est peu compliquée.

On fait servir les vieux papiers qui, ne pouvant supporter, comme le chiffon, ni le lessivage, ni le rinçage, sont soumis à une opération première, appelée *pourrissage*, pour aider à l'extraction des matières grasses ou autres, dont ils peuvent être imprégnés: puis on les *désagrège* sous des meules, qui les broient et en font une pâte qu'on étend sur une toile métallique, encadrée d'un chassis; alors que cette couche est encore humide, on la presse en tous sens à l'aide des *flôtres*, et enfin on l'expose à l'air pour achever la dessication.

En Angleterre d'abord, et plus tard, chez nous, on est parvenu, à l'aide de ce système à faire des pâtes assez résistantes, assez solides, dont l'une appelée *carton-pâte*, sert à faire des meubles, et l'autre, *carton-pierre*, des objets d'art; nous citerons entre autres, parmi ceux ci, un groupe grandeur naturelle, le *Lion amoureux*, exposé à Paris, il y a plusieurs années, par son auteur, dont nous regrettons d'avoir oublié le nom.

En 1839, Montgolfier, que nous avons déjà cité, exposa parmi plusieurs échantillons de différents papiers, du papier *végétal*, servant à décalquer, et dont la translucidité est obtenue à l'aide d'huiles particulières, ou d'essences de térébenthine ; le papier végétale, sorti de la fabrique d'Annonay, était d'une transparence peu commune et presque blanc.

MM. Reton frères, de Pont-au-Chaix, exposèrent également de très beau papier de Chine, pour gravure et lithographie.

C'est aussi à cette Exposition qu'apparurent deux machines à papier continu, inventées par M. Kœchlin, de Mulhouse, et Chapelle, de Paris, qui n'étaient autres que deux perfectionnements très ingénieux de la machine de Didot Saint-Léger ; elles étaient augmentées du découpage mécanique. Celle de M. Chapelle obtint la supériorité chez les étrangers, les papetiers Allemands surtout en firent monter un très grand nombre dans leurs fabriques.

Encouragés par les suffrages accordés à leurs machines, auxquelles est attribuable le degré de perfection que la papeterie française a atteint, MM Kœchlin et Chapelle se sont bornés, ou à construire avec soin leurs machines à fabriquer le papier, ou à les perfectionner, et elles ont toujours figuré, pour exciter l'étonnement des visiteurs, aux Expositions de 1844, 1849, 1855 et 1862.

En 1849, les échantillons de papiers furent très variés et témoignaient d'une fabrication soignée. Les fabricants qui prirent part à cette Exposition et aux suivantes sont : MM. Durandeau, Lacombe et Cᵉ, Gaury, Laroche frères, Laroche-Joubert (de la Charente) ; les fabriques d'Essonnes et la Société anonyme de Souches (Vosges), qui exposèrent, entre autres échantillons, des papiers pour fleurs artificielles, très forts et de belles nuances.

MM. Zuber, du Haut-Rhin ; Rabourdin, de l'Allier ; et Breton frères, de l'Isère ; exposèrent aussi de très beaux papapiers pour fleurs artificielles.

A voir l'activité que MM. Kœchlin et Chapelle mettent à perfectionner leur œuvre qui, nous venons de le dire, est presque le dernier mot de la mécanique appliquée à la papeterie, nous n'avons pas de désir à formuler ; les produits fournis à la consommation et fabriqués à l'aide de ces procédés économiques répondent à tous nos vœux.

PRÉPARATION DES PEAUX.

Pline, le naturaliste, qui vécut dans le premier siècle de l'ere chrétienne, et avant lui, Homère, qui vécut 907 ans avant Jésus-Christ, attribuent l'invention de l'art de préparer les préparer les cuirs, à un M. Tychius, Béotien d'origine, qui avait fabriqué un bouclier en cuir, dont la solidité sauva plus d'une fois la vie au vaillant Ajax, dans les nombreux combats singuliers qu'il livra

Donc, près de dix Siècles avant notre ère, la préparation des cuirs n'était pas inconnue, et déjà. à une époque encore plus reculée, en remontant même avant le déluge; les historiens nous représentent les hommes se couvrant de peaux d'animaux qui ne subissaient aucun apprèt; elles étaient simplement séchées

Du temps d'Abraham on portait des chaussures en cuir, si on peut appeler ainsi des morceaux de peaux, qui enveloppaient le pied et le bas de la jambe, et étaient retenues à l'aide d'attaches. A l'époque où vivait Homère, on sortait en chaussures un peu plus façonnées; mais cela n'indique pas qu'on savait donner au cuir de la souplesse et la durée dans l'usage; il est sans contredit que les moyens de préparation étaient d'une simplicité vraiment archaïque.

Sans pouvoir dire à quelle époque remontent les progrès que nous avons faits dans cette branche, il est certain que, nous aussi, nous avons connue de bonne henre l'usage des cuirs, mais les procédés que nos pères ont employés à approprier les peaux d'animaux à leurs besoins n'étaient ni moins simple, ni moins incomplets.

Aujourd'hui, la préparation des peaux constitue, sous le nom générique de Corroierie, une industrie très importante, qu'on pourrait diviser en cinq parties principales :

1° La *Tannerie* et la *Corroierie* proprement dite, se composant de deux séries d'opérations, destinées à rendre ouvrables les peaux de bœuf, de vache, de buffle, de rhinocéros, d'hippopotame, etc., etc. ;

2° La *Mégisserie*, ou préparation de certaines peaux pelées pour la fabrication des gants, et de peaux non pelées pour divers usages ;

3° La *Pelleterie*, vulgairement appelée la *fourrure*, c'est-à-dire la préparation des peaux d'animaux terrestres, des volatiles, auxquelles on conserve le pelage ou le plumage ;

4° La *Chamoiserie*, ayant pour but de fournir à la gaînerie, à la fabrication des pianos et à la confection des vêtements, des peaux préparées *ad-hoc ;*

5° Et enfin, la *Maroquinerie*, ou appropriation des peaux de moutons à différents emplois.

TANNERIE. — La Tannerie a pour but de préparer les peaux à la corroierie, en les rendant imputrifiables. On emploie le *Tan* ou écorce de chêne pulverisée ; c'est à cette première manipulation, qu'on nomme *Tannage*, que sont soumises toutes les peaux en général.

Ensuite on procède :

1° A l'*Emouchetage*, c'est-à-dire retrancher les portions dont on ne peut tirer aucun parti, telle que la queue et les oreilles ;

2° Au *Trempage* ou bain, pendant deux, trois ou quatre jours ;

3° Au *Craminage*, ou extraction au corps étrangers ;

4° An *Plainage*, qu'on nomme encore *Passement Coudrement*, ou *Travail à l'Echauffe*, dénominations qui ne servent qu'à indiquer le système adopté, le but de ces opérations étant idactique ;

5° Au *Dépilage*, ou enlever les poils à l'aide d'un couteau rond ;

6° A l'*Echarnage*, ou détacher avec soin toutes les parties de chair encore adhérentes ;

7° Au *Rognage* des bords ;

8° Au *Queursage*, ou polir la peau du côté du poil, à l'aide d'une pierre, appelée *queurse;*

9° Au *Recoulage*, c'est-à-dire pendant que les peaux sont lavées par une eau courante, les presser pour détacher les corps étrangers retenus dans les pores ;

10° A la *mise en fosse*

Cette opération, qui a pour résultat de *Tanner le cuir à cœur*, selon l'expression technique, n'est autre qu'un bain au Tan, dont la durée est de six mois, quelquefois plus, et du soin dont on l'a entouré, dépend tout le succès du travail ; au sortir de la fosse, les peaux sont suspendues à des crochets, sous des hangards couverts, et leur dessication doit se produire lentement. Au fur et à mesure qu'elles acquièrent de la fermeté, on les étend sur des plans en pierre, en marbre ou en bois, on les frotte de tan sec et on fait disparaître les inégalités avec de petits maillets, après quoi, enfin, on les met sous presse pendant un temps plus ou moins long,

C'est ainsi qu'on obtient les cuirs souples.

Pour avoir des cuirs forts, le procédé ne change que dans la *mise en fosse*. qui dure alors deux ans au plus, ou dix-huit mois au moins ; ensuite les peaux sont soumises au *laminage*, pratiqué à l'aide de rouleaux, dits : *lamineux*, qui écrasent le grain du cuir, pour lui donner plus de compacité.

Mais, en 1844, M. Vauquelin exposa des cuirs forts, soumis à des opérations mécanico-chimiques, constituant une amélioration sensible dans la préparation des peaux. A l'aide de ces opérations, dont il était l'heureux innovateur, il abrégeait de dix-huit mois au moins la mise en fosse.

Le Martelage, opération coûteuse, difficile et presque toujours incomplète, fut aussi modifiée par M. Berendoff, qui imagina une machine, dont le travail, consistant à comprimer les cuirs sur toute leur étendue, devait être généralement substitué au travail manuel.

En 1849, nos principaux corroyeurs exposèrent des peaux, dont la préparation ne laissait rien à désirer; la corroierie de Paris avait pour représentants MM. Durand, Ogereau Levin et fils; leurs produits étaient placés à côté de ceux non moins parfaits de MM. Delbert, père et fils, de Saint-Germain-en-Laye; Bison, de Rennes; Huttin, de la Guillotière; Estivant et Bidoux, des Ardennes.

En 1855 et en 1862, nous avons montré aux étrangers des produits d'une fabrication très simplifiée, mais complète néanmoins et surtout très économique.

CORROIERIE — Bien que par la Tannerie, les peaux deviennent cuirs, elles ne sont pas appropriables à tous les emplois; c'est par la Corroierie qu'on obtient ce complément.

On pratique pour le faire :

1° Le *Défonçage*, pour ramollir, à l'aide de bains répétés;

2° Le *Refoulage*, pour assouplir;

3° Puis, à l'aide de trois outils, de formes et destinations différentes, appelés : *Drayoire*, *Butoir* et *Lunette*, on leur donne la même épaisseur sur tous les points;

4° La *mise à l'essui*, ou faire sécher;

5° On *retient* ou humecte légèrement;

6° On *corrompt* et on *rebrousse* pour le lustre;

7° On le met en couleur sur une seule surface par des moyens spéciaux.

Alors, qu'elles ont subi ces sept dernières opérations, les

peaux peuvent enfin servir à la chaussure, aux vêtements, être employées dans la carrosserie, dans la sellerie, entrer en un mot, dans la fabrication d'un grand nombre de produits très utiles, dont nous serions privés, si elles n'étaient ainsi préparées.

Les cuirs sont aussi vernis, mais ils subissent au préalable le *ponçage*, ou *polissage*, pour préparer le fond, et l'*apprêt,* ou mise en couleur, à l'aide des matières colorantes broyées dans des huiles ou des essences particulières; le vernis est étendu sur l'*apprêt*, et on fait sécher dans des étuves chauffées à une haute température. Les Anglais nous ont précédés dans la fabrication du cuir verni. Dans les premières années de ce siècle, Plummer nous en dévoile leur secret, et plus tard, vers 1830, Nys a apporté, dans les procédés de nos voisins des perfectionnements qui ont rendus les cuirs vernis très souples et appropriables à la cordonnerie.

Parmi les meilleurs fabricants de cuirs vernis, sont MM. Gauthier et Platier frères, de Paris, qui, en 1844, exposèrent des cuirs vernis pour chaussure de la plus belle qualité.

En cordonnerie nous pouvons citer M. Lefébure qui a fondé un important établissement pour la fabrication de la chaussure à la mécanique ; chaussure non moins solide que celle qui sort des mains du cordonnier, et dont le prix est bien au-dessous.

MÉGISSERIE. — On emploie les peaux blanches; si on les *dépile*, on les soumet après la tonte ;

1° A l'*écharnage* ou enlèvement des fragments de chair;

2° A la *mise au confit* au bain de son;

3° Au *bain de blanc* composé de sel et d'alun ;

4° A la *mise en pâte* ou immersion dans un bain composé comme le précédent, et additionné de jaunes d'œufs;

5° Enfin on les *tire au palisson*.

11.

Cette dernière opération, qui a pour but d'assouplir les peaux, est la plus importante, et on doit lui donner tous ses soins sous peine d'avoir travaillé en vain ; la grande souplesse fait la qualité des peaux préparées par ce procédé.

Si on ne les dépile pas, c'est-à-dire, si on leur conserve leur poil, les peaux sont soumises aux quatre premières manipulations décrites ci-dessus, et la cinquième est remplacée par une série de bains composés de matières dégraissantes qui ont la propriété de donner au poil une blancheur de neige, et d'en extraire les corps étrangers. Ces peaux sont quelquefois teintes par le procédé ordinaire.

PELLETERIE. — La pelleterie tire ses plus belles fourrures du pays où vivent le lion, le tigre, la martre-zibeline, le pékan, le vison, l'hermine, le chincilla, le petitgris, la loutre, le castor, l'ours ; en France, on prépare aussi pour fourrures les peaux du chat, du rat-musqué, du lièvre, du blaireau, de la marmotte, du lapin domestique même, etc., mais ces fourrures sont, en qualité, bien inférieures aux premières.

Pour préparer les peaux des animaux que nous venons de désigner, en leur conservant leur poil, on pratique à peu près les mêmes manipulations dont nous avons parlé en *mégisserie ;* elles ne changent que de noms ; ainsi en matière de pelleterie on entend par *travail des peaux* une série d'opérations ayant pour but de les écharner, et de les assouplir, et par *dégraissage* des poils, une opération qui consiste à frotter le pelage avec du sable chaud, pour les préparer à subir enfin le *lustrage* ou teinture. Cette teinture est particulière : c'est, si nous pouvons nous exprimer ainsi, une sorte de vernissage ; le but n'en est pas de changer la couleur du pelage, mais de faire repartir sa couleur naturelle qui est fauve, grise, marron, blanche, etc. selon l'animal dont la peau est employée.

On prépare aussi par le même procédé les peaux de quel-

ques volatiles, comme le cygne, le héron, la bécasse, etc.,
et comme les précédentes, elles servent à la confection des
tapis, des manchons, des chapeaux, des vêtements, etc.

CHAMOISERIE. — Ici ce sont le chamois, la renne, le
cerf, la vache et le veau, etc., qui donnent les peaux de
chamois, ainsi appelées parce que le chamois seul a été
primitivement employé.

On distingue les autres peaux sous ce même nom parce
qu'on les approprie par des moyens similaires aux mêmes
usages, soit pour les vêtements, soit pour la fabrication des
pianos, soit pour la gainerie, etc.

Le travail qu'on exécute, pour obtenir ce but, est de même
qu'en mégisserie ; jusqu'à la *mise au confit* inclusivement,
les peaux de chamois sont l'objet des mêmes apprêts : puis
on les enduit d'huiles de poisson, et on aide à l'absorption
au moyen du *foulon* ; par cette opération les peaux acquièrent une grande souplesse qu'on augmente encore en les
plaçant dans une étuve où elles se dilatent, ce qui permet
aux huiles dont elles sont imprégnées de pénétrer *à cœur*.
Ensuite on *remaille* et on *dégraisse*, c'est-à-dire, qu'on les
débarrasse des huiles en excédent, et enfin, comme les
peaux mégissées, on les *étire au palisson* pour leur rendre
toute leur souplesse qu'elles ont perdue en partie au *remail-
lage* et au *dégraissage*.

MAROQUINERIE. — La maroquinerie est une industrie
orientale importée en France vers les dernières années du
dix-huitième siècle. Avant nous les Orientaux ont préparé
les peaux de bouc et de chèvre ; nous, nous préparons aussi
de la même manière les peaux de mouton ; de là deux sortes
de maroquin :

1° Les maroquins proprement dits ;
2° Les moutons maroquinés.

Parmi les apprêts auxquels on soumet les peaux maroquinéés, et qui sont ceux que nous avons déjà décrits, il en est deux spéciaux : la *mise en couleur* et le *grainage* qui sont ici de la plus haute importance. Les maroquins n'étant employés qu'en raison des couleurs dont on les revêt, il est facile de comprendre que la mise en couleur doit être pratiquée le plus minutieusement possible. On fait usage, pour cette sorte de teinture, de produits chimiques colorants qui donnent le noir, le rouge, le violet, le jaune, le bleu, le vert et toutes les mille nuances de ces couleurs prismales.

Le *grainage* se fait au moyen d'une plaque de liége sur laquelle on étend la peau humectée, et par des pressions pratiquées en tous sens on obtient du côté coloré, ce qu'on appelle le *grain* ; c'est une sorte de gaufrage.

Les meilleurs maroquins sont fournis par MM. Fauler frères et Bayvet, de Choisy-le-Roi, dont les produits furent remarqués à toutes les expositions industrielles.

Pour être complet, il nous faudrait parler aussi des cuirs de Russie, des basanes, du chagrin, des cuirs de Hongrie, du cuir bouilli, et il nous faudrait décrire toutes les opérations à l'aide desquelles on obtient ces variétés. Mais nous ne croyons pas manquer au programme que nous nous sommes tracés en nous dispensant d'entrer dans ces détails de fabrication que nous ne pourrions après tout développer qu'en répétant ce que déjà nous avons dit et été obligé de redire ; car les manipulations qu'on fait subir aux cuirs, que nous venons de nommer, diffèrent peu de celui que nous avons expliquées une à une en mégisserie, en chamoiserie et en maroquinerie.

Notre but, en somme, n'est-il pas de démontrer ce qu'il faut de patience, de soins et d'habileté pour obtenir ces beaux cuirs, aux couleurs naturelles ou artificielles, ces belles fourrures, appropriées à tant de besoins ; nous croyons l'avoir atteint par la description que nous avons donnée de la tannerie, de la corroierie, etc.

ÉBÉNISTERIE

Les historiens et les archéologues nous apprennent que les anciens connaissaient l'art de travailler le bois, et savaient en faire des meubles aux formes les plus diverses et les plus élégantes ; mais le temps ne nous a pas légué, pour nous en convaincre, ces tables en citronnier, ornées de mosaïques ou d'incrustations, dans la confection desquelles les Grecs excellaient, ni les meubles que sous les noms d'*abaces*, *armaria* et *scrinia*, les Romains construisaient avec autant d'habileté que de goût

Aujourd'hui, on emploie des bois dont l'existence était en quelque sorte ignorée avant nous ; ainsi, au quinzième siècle, un ébéniste italien, Jean de Vérone, construisit de très beaux meubles en bois blancs, tels que le cèdre, le buis, le frêne et l'érable, qu'il coloriait et vernissait par des procédés dont il était l'inventeur ; deux de ses compatriotes et contemporains, Brunelleschi et Mariano, lui disputèrent le premier rang.

L'ébénisterie ne devint une branche importante, en France. que sous François Ier· elle prit peu à peu de l'extension, et, vers le milieu du dix-septième siècle, Colbert, en instituant *manufacture royale* la manufacture des tapis des Gobelins, y adjoignit des ateliers d'ébénisterie.

La grande réputation dont nous jouissons actuellement ne remonte toutefois qu'au dix-huitième siècle ; vers 1730, Ch. Boule construisit des meubles en châtaignier, en chêne, en noyer, sculptés, tournés et ornés de cuivre, dont on garnit les palais des rois et des seigneurs.

Plus tard, on découvrit, dans les grandes Indes, des bois précieux, l'ébène, l'acajou, etc., etc., et, dès lors, non-seulement l'ébénisterie, se détachant entièrement de la menuiserie, art plus grossier, devint une branche importante, mais cette découverte, augmentant nos ressources, fut le point de départ des progrès que nous n'avons obtenus qu'en développant en cela, comme en toute autre chose, notre bon goût et notre adresse accoutumés. Nous nous sommes étudiés à donner aux différents meubles, siéges, tables, tables, armoires et tant d'autres, des formes de plus en plus légères, élégantes et commodes, à les enrichir d'ornements très variés, soit par la dorure, soit par le garniture, soit enfin par la peinture, et, de nos jours, ce progrès est double et profite à tous : c'est-à-dire que, tout en conservant aux meubles et l'élégance de la forme et la richesse de l'ornementation, jointes à la solidité, nous sommes parvenus à les confectionner a des prix d'une modicité inattendue. Et c'est encore à Paris, qui prime déjà dans la fabrication de tant de produits utiles, qu'on trouve des meubles qui réunissent ces quatre qualités, et qui laissent bien loin derrière eux les meubles anciens, qui n'ont d'autre mérite que comme antiquité. Il est vrai que c'est grâce à l'application de moyens mécaniques, tels que les scies circulaires, les découpeuses, les tours, à l'aide desquels on débite et façonne toutes espèces de bois, qu'on a obtenu une fabrication aussi peu coûteuse.

Nous dirons donc avec Gaudeau :

« C'est dans le dix-neuvième siècle que l'art de l'ébé-
» nisterie est arrivé à un degré de perfection qu'il n'avait
» encore jamais atteint par le luxe des ameublements.
» Paris est, sans contredit, la ville du monde où l'on
» exécute avec le plus de solidité et de goût les meubles
» grands et petits qui servent à l'ameublement des salons,
» des chambres à coucher et des boudoirs, et on peut dire
» que, pour cette partie comme pour plusieurs autres, les
» nations de l'Europe civilisée sont les tributaires de l'art pa-

» risien, et surtout des ateliers des Werner, des Kol-
» ping, etc.

» Aujourd'hui, par un raffinement de coquetterie qui ne
» s'arrête pas, les bois d'oranger, de palissandre, de rose,
» de frène, ont la préférence sur l'acajou, qu'on trouve
» trop sombre, et qu'on relègue avec les vieux meubles. On
» trouve que les bois plus gais, plus légers, plus agréables
» à la vue, se marient mieux avec les tapisseries si riches
» et si variées, qu'on a adoptées depuis quelques années. »

Si les anciens ont su se fabriquer des meubles utiles et
élégants tout à la fois, s'ils ont employé en ébénisterie
certains bois ordinaires qui acquéraient une valeur véritable lorsqu'ils étaient façonnés, les modernes n'ont pas
moins fait preuve de goût, tout en augmentant, leurs ressources par la découverte, dans les forêts les plus lointaines, de bois qui semblaient n'exister que pour ces forêts
inexplorées, mais que, malgré les frais onéreux d'un trans-
port, on a importés chez nous ; et, grâce à notre esprit inventif et à notre activité infatigable, nous n'avons pas
tardé à découvrir le moyen de couper, d'ouvrer ces bois
pour les rendre appropriables à tous nos besoins : c'est
l'acajou, c'est l'ébène, c'est l'érable, c'est le palissandre,
le bois de rose, le bois des îles ou *bois de fer*, ainsi nommé
à cause de sa dureté ; ce sont encore des variétés de ces
bois et d'autres espèces, dont nous faisons les meubles les
plus beaux et les plus riches pour les palais, et ces meubles
solides, commodes et non dénués d'élégance, pour les
mansardes.

A toutes les Expositions, l'ébénisterie a été dignement
représentée :

En 1839, M. Desmalter exposa des meubles, genre Boule,
rappelant les belles armoires sculptées au palais des Tui-
leries ;

M. Bellanger fils, de Paris, exposa des buffets-médaillers,
ornés d'écaille incrustée de cuivre et d'argent ;

M. Jeanne de Servais exposa des cadres sculptés, et dorés par un procédé dont il a gardé le secret, appliquée selon sa méthode, la dorure vieillit sans subir la moindre altération, et le plus simple lavage lui fait recouvrer son premier éclat.

Au concours de 1839, la curiosité des visiteurs fut attirée par des *découpeuses* et des machines à sculpter le bois, dues à l'imagination de MM. Grimpré et Graenecker et Frantz, qui, par leurs inventions, vinrent permettre à nos ébénistes d'orner, avec économie, leurs meubles de sculptures et d'ornements découpés le disputant à l'art véritable.

C'est ici la place de parler d'une machine merveilleuse, machine à sculpter, mettant au défi le ciseau de nos plus habiles sculpteurs, et à l'aide de laquelle on peut reproduire, soit en les réduisant, soit en les augmentant, les chefs-d'œuvre antiques ou modernes. A cette machine vous confiez un sujet moulé en plâtre, et elle le reproduit avec la plus scrupuleuse exactitude, à ce point que la copie, en bois, en marbre ou en métal, a la même régularité ou les mêmes imperfections que le modèle ; cet appareil, dont l'heureux inventeur est M. Colas, n'est pas seulement exact, il est délicat ; il rend intact le modèle qu'on lui a soumis, et ce modèle peut servir et servir encore

Jusque-là les statues des grands maîtres, les œuvres de nos contemporains n'avaient été copiés qu'à grands frais, ou coulés, et encore infidèlement ; mais avec l'habile ciseau mécanique de M Colas, tous les amateurs d'objets d'art, quelle que soit leur fortune, peuvent se procurer des chefs-d'œuvre d'une reproduction irréprochable.

En 1844, voulant maintenir sa réputation, M. Bellanger exposa encore des meubles, aux formes les plus nouvelles, aux ornements les mieux distribués.

MM. Hébert, Mercier Boyer, Charmais, Marsoudet, Mourey, Fischer et autres, exposèrent des meubles de tous bois, et notamment en palissandre, ornés de sculpture, de bronze doré ou d'incrustations d'écaille.

M. Grohé et M. Cremon, en exposant des étagères et des dressoirs en bois découpé, d'une légèreté inimitable, prouvèrent les résultats qu'on pouvait attendre des découpeuses mécaniques qu'ils venaient d'inventer.

Comme aux Expositions précédentes, les produits en ébénisterie furent nombreux et remarquables ; l'habileté de nos ébénistes devenait de plus en plus évidente, et cette habileté n'existait pas seulement dans l'emploi des bois, mais dans l'ornementation des meubles.

Un ébéniste de Tarbes, M. Saint-Hubert, a eu l'excellente idée d'envoyer à cette Exposition des échantillons de toutes les espèces de bois qu'il emploie ; il a joint à cet envoi une table sculptée très-belle.

L'association des ébénistes de Paris présenta une table d'une exécution soignée et d'une forme très-élégante.

MM. Daubet et Desmarest, de Lyon, exposèrent des meubles qui, par leur construction et leur agencement, le disputaient aux meubles sortis des plus grands ateliers de Paris.

M. Tahan, dont la réputation en marqueterie et en tabletterie allait grandissant chaque jour, produisit des coffres exécutés et ornés avec le plus grand soin et un goût exquis, ainsi qu'une armoire gothique sculptée, d'une forme bien comprise et du plus beau travail.

Ce même fabricant, qui peut se dire à la tête de l'ébénisterie parisienne, exposa encore au grand concours, en 1855, une bibliothèque très-riche, ornée dans le goût moderne ; elle était, par ses belles sculptures, un véritable monument de l'art.

Nous venons de vanter comme ils le méritaient l'intelligence et le bon goût de ceux qui ont fait de l'ébénisterie presque un art ; leurs produits avaient droit à ce tribut d'admiration, car depuis 1730, époque à laquelle apparut leur maître, Ch. Boule, ils n'ont cessé de contribuer tous et sans relâche à faire progresser cette branche qui n'était autrefois qu'un simple métier, un art incompris. Mais l'ébénisterie ne comprend pas seulement les meubles de luxe, les meubles ornés d'or et d'argent, garnis de corps précieux ; son but n'est pas de pourvoir seulement à l'ameublement de la maison du riche, elle doit aussi fournir des meubles aux classes inférieures, et si on ne peut prétendre pour ceux-ci à l'élégance de la forme, ni à la richesse de l'ornementation, il faut qu'ils soient commodes au moins, solides toujours, et toujours aussi d'un prix à la portée des fortunes les plus modestes.

Si les Expositions n'ont pu nous permettre de vérifier si les fabricants de meubles ont déjà pensé à cette amélioration, digne de leur attention, nous aimons à croire que c'est dans leurs ateliers qu'ils donnent tous leurs soins à la confection des meubles les plus usuels.

CARROSSERIE

Nous ne parlerons pas des chars à deux ou à quatre roues, ornés de peintures et de sculptures, dont les anciens, les Grecs et les Romains, se servaient dans les cirques pour les courses, ou pour promener en triomphe, dans les villes, ceux qui avaient montré le plus d'adresse dans les Jeux olympiques, ou remporté la victoire dans ces combats sanglants qui étaient leur distraction préférée.

Ni par leur forme, ni par leur destination, ces chars n'ont rien de commun avec les carrosses d'autrefois et les voitures d'aujourd'hui.

L'histoire de la carrosserie ne remonte vraisemblablement qu'au quinzième siècle. En 1457, Ladislas V, roi de Hongrie, fit présent à Marie d'Anjou, femme de Charles VII, d'un char suspendu qu'une chronique du temps décrit par ces mots : « moult branlant et moult riche. »

« L'usage louable, mâle et courageux, de monter à cheval » fut un obstacle puissant à l'adoption des voitures, dont l'emploi fut lent à se répandre. Dans certains pays il fut même interdit; par une ordonnance en date de 1588, Jules de Brunswick manifesta à ses vassaux son mécontentement parce qu'ils prenaient « 'lhabitude de fainéanter et de se » traîner en carrosse. »

Le premier carrosse qui mérite ce nom appartint à Catherine de Médicis; les dames de la cour se faisaient encore porter en litière.

Sous Henri IV, quelques riches seigneurs possédèrent une voiture; le galant roi lui-même n'en avait qu'une.

Ces véhicules étaient loin de ressembler à nos élégantes voitures d'aujourd'hui : les ouvertures étaient simplement garnies de rideaux, et des tabliers de cuir jouaient le rôle de portières ; ce ne fut que sous Louis XIII qu'aux rideaux on substitua les glaces.

En même temps que, par quelques perfectionnements successifs, les carrosses devenaient plus commodes, leur emploi s'étendit de plus en plus, et, ous Louis XIV et plus tard, sous Louis XV, outre que les seigneurs et tous les gens de cour possédaient une ou plusieurs voitures, quelques riches particuliers se permirent ce luxe ; c'est même vers cette époque qu'on commença à avoir des voitures de louage, déjà appelées *fiacres*, qu'on pouvait louer à raison de cinq sols l'heure. Cette dénomination, fiacre, provient de ce que le premier établissement de ce genre d'entreprise avait une enseigne représentant saint Fiacre.

Depuis Louis XVI jusqu'à nos jours, la voiture est devenue un meuble indispensable, et aujourd'hui, dans toutes nos grandes villes, à Paris surtout, le vieux carrosse est méconnaissable, il a même disparu pour faire place à la calèche, au cabriolet, au coupé, au victoria, au tilbury, au breck, à la berline, au phaëton, au dog-cart, au poney-chaise, à toutes ces élégantes voitures, enfin, aux appellations si nombreuses, qui font le mouvement de nos rues et la gaieté de nos promenades publiques.

La construction des voitures est complexe ; elle comprend :

Le *charronnage,* qui consiste à travailler les parties en bois, telles que les roues, le bateau ou fond de la voiture, les panneaux, les portières, le siége du cocher et le dôme, pour les voitures couvertes ;

La *forge* et la *serrurerie,* pour toutes les parties en fer ; les cercles des roues, les essieux, les ressorts, les embases, les compas des capotes, et surtout l'avant-train, partie essentielle des voitures à quatre roues ; enfin, les marchepieds ;

L'*impression,* ou couverture extérieure de toutes les

parties en bois, à l'aide de peaux ; cette opération est très difficile ;

La *sellerie* et l'*ébénisterie,* ou garniture intérieure, soit en cuir, en drap, en velours, en reps ;

Le *plaqué* pour les poignées des portières, les lanternes, les boguettes, les boucles des harnais, les chapeaux des essieux ;

Enfin, la *peinture* et le *vernissage,* dont le succès dépend du soin apporté dans l'impression.

La belle carrosserie est un des monopoles de l'industrie parisienne ; les habiles carrossiers ne manquent pas dans notre capitale : Ehrler, le fournisseur de la cour ; Belvalette frères, Riegel, Charcot-Saunier et autres encore qu'il serait trop long de nommer, exposèrent à toutes les Expositions des voitures que les étrangers ne pouvaient que considérer comme des modèles à copier ; et pour rendre justice à leurs efforts, nous citerons Laurenzi, de Vienne (Autriche) ; Quesnel, Jones frères, de Bruxelles ; Davis, Thomson, de Londres, qui, en 1855, exposèrent, au palais des Champs-Élysées, des voitures élégantes d'une construction bien composée et dignes de figurer parmi nos voitures parisiennes.

HORLOGERIE

Les Chaldéens peuvent être regardés comme les inventeurs de la gnomonique. Observateurs judicieux, ils étaient parvenus à diviser la journée en plusieurs heures, selon la direction des rayons solaires éclairant soit une maison, soit un tronc d'arbre, dont l'ombre changeait de place.

Pline l'ancien rapporte que les Romains eux-mêmes ne divisaient pas le temps autrement. « Mais, plus inventifs qu'eux, les Caldéens, dit Hérodote, imaginèrent, les premiers, le *cadran-solaire,* et communiquèrent leur invention aux Grecs. » Si on en croit ces historiens, ce ne serait donc ni au philosophe Anaximandre, ni à son disciple Anaximène, ni à Eudoxe de Gnide, ni à Aristarqne de Samos, ni à Appolonius de Perge, que les Anciens furent redevables de ce premier chronomètre, si on peut accorder cette dénomination à l'inexact cadran solaire.

Après les Grecs, les Romains firent usage du gnomon, qui, pour la première fois, fut perfectionné par le censeur Martius Philippus, près d'un siècle après son introduction en Italie.

Mais le gnomon n'indique l'heure que pendant le jour, et encore faut-il que le soleil brille ; on remédia à l'insuffisance de cette horloge trop simple, par l'invention de la clepsydre ou horloge d'eau, et du sablier.

A Rome, la clepsydre fut non-seulement substituée aux cadrans solaires, dont l'usage fut dès lors complètement abandonné, mais elle fut l'objet de modifications ingénieuses, et on fit même l'ornement des monuments publics. Les premières étaient simplement un vase en terre cuite, rempli d'eau qui, s'échappant goutte à goutte d'une sorte de robinet, tombait dans un autre vase qui contenait un morceau de bois ou de métal sur lequel étaient tracées des lignes ou des signes représentant la division du temps, et on reconnaissait l'heure au niveau de l'eau dans le vase inférieur.

Peut être moins fidèles que les cadrans-polaires, les clepsydres donnaient au moins à peu près l'heure la nuit, et elles leur étaient préférées parce qu'elles étaient susceptibles d'être ornées et placées ou dans l'intérieur, ou à l'extérieur des habitations. Dans ces derniers cas, elles étaient renfermées dans des boîtes en bois, munies d'un cadran dont une seule aiguille faisait lentement le tour.

Les mythographes prétendent que Mercure, ayant remarqué qu'un certain singe urinait douze fois par jour, aurait composé sa clepsydre sur cette observation. Ne citant cette origine de la clepsydre que parce que quelques historiens ont cru devoir en parler, nous n'ajouterons foi qu'au récit de Vitruve, qui attribue la découverte de cette espèce d'horloge au mathématicien Ctésibius, d'Alexandrie, ou au récit Pline, qui en fait honneur à Scipion Nasica.

On ne connaît pas l'inventeur du sablier; on prétend même, contrairement à ce que nous venons de dire, que son invention est antérieure à la clepsydre et même au cadran-solaire. Tout le monde connaît ce simple appareil, composé de deux petites boules en verre creuses, superposées et réunies au milieu par une ouverture très étroite; dans une de ces boules on met du sable très-fin ou de la sciure de bois tamisée; ces matières se déversent dans la boule inférieure, et lorsque celle-ci est pleine, il suffit, pour remettre ce petit appareil en fonction, de la retourner, et ainsi de suite. Le sablier est encore aujourd'hui très employé dans la marine.

On se servait encore du sablier au moyen-âge, lorsque, vers les premières années du quatorzième siècle, Gerbert, qui devint pape sous le nom de Sylvestre II, inventa, dit-on,

les horloges à roues et sonnantes Il serait faux de dire que
la première horloge sonnante qui parut en France fut celle
que le kalife Haroun-al-Raschid envoya entr'autres présents
à Charlemagne; cette horlogne était simplement à roues,
comme celle que le pape Paul Ier envoya quelques années
auparavant à Pépin-le-Bref.

A partir de cette époque, plusieurs mécaniciens ingénieux,
l'allemand de Wick, l'anglais Wallenford, Jacques de Dou-
dis, de Padoue, surnommé horlogius, montèrent des mécanismes remarquables. C'étaient des horloges compliquées
qui n'étaient pas précisément des perfectionnements, mais
qui n'en facilitèrent pas moins le progrès de l'horlogerie.

En 1467, le savant hollandais, Huygheus, appliqua aux
horloges la *pendule*, que l'illustre Galilée avait récemment
découvert; il la substitua au balancier, et dès lors on put
diviser les heures en minutes, en secondes et en tierces.

Parmi les horloges les plus remarquables inventées dans
le seizième siècle, on cite celles de Strasbourg, d'Anez et
de Lyon; elles étaient garnies d'un moteur composé de
poids. C'est alors qu'on découvrit le ressort métallique, encore employé aujourd'hui, comme agent moteur. Déjà on
l'enfermait dans un tambour, sur lequel était enroulée une
corde en boyau qui communiquait le mouvement aux
rouages; mais, en raison de l'influence que la température
exerçait sur cette transmission de mouvement, les horloges
laissaient beaucoup à désirer, et n'acquirent enfin plus de
précision que dans le dix-huitième siècle, époque à laquelle
le genevois Gruet remplaça la corde en boyau par une
chaîne en acier.

Bientôt apparut l'horloge portative ou montre. Les premières, dites *œufs de Nuremberg,* en raison de leur forme
elliptique, furent inventées en l'an **1500** par Pierre Hêle.
Elles étaient volumineuses, et on les portait au cou. Deux
cents ans plus tard, Barlow, Quavre et Campion firent paraître la montre à répétition. Enfin, vers les premières

années du dix-huitième siècle, Julien Leroy, habile horloger de Paris, introduisit chez nous le chronomètre de l'ex-charpentier Harrisson, et apporta dans l'horlogerie en général des perfectionnements auxquels nous devons, sans contredit, les résultats dont nous jouissons aujourd'hui. C'est d'ailleurs sur ses traces que marchèrent Bréguet, Berthoud, Lépine, Lepaute, Thioux, etc., et en Angleterre Arnold, Grahans et autres encore.

Bréguet porta à un très haut degré la fabrication des montres et des chronomètres portatifs. On lui doit une montre dite *perpétuelle* qui se remonte d'elle-même par le mouvement que la marche lui imprime A l'Exposition nationale de 1798, cet horloger fut un des douze industriels qui obtinrent des récompenses; il produisit un échappement libre appelé à modifier d'une manière importante les horloges astronomiques et à longitudes.

De nos jours, l'horlogerie est devenue une industrie de premier ordre. Au point de vue industriel, la Suisse nous a précédée dans la voie du progrès ; mais depuis que le nombre de nos manufactures s'est accru, nous fournissons des ébauches qui, par leur précision à l'agencement des pièces, valent ceux qui sortent des fabriques étrangères.

L'horlogerie se divise aujourd'hui en cinq branches :

1° L'horlogerie de précision, qui comprend les appareils horaires, qui sont pour ainsi dire des instruments de physique ;

2° L'horlogerie de luxe, qui comprend les horloges et les montres dont les mouvements sont travaillés avec soin. On l'appela « *de luxe* » en raison de l'ornementation plus ou moins riche dont sont susceptibles les cages, c'est-à-dire les socles pour les horloges et les boitiers pour les montres ;

3° L'horlogerie ordinaire, qui ne diffère de la précédente que dans sa partie accessoire, la cage ;

4° La grosse horlogerie, qui comprend ces horloges sonnantes à pendules et à grands cadrans dont on se sert pour orner la façade des monuments publics ou des maisons particulières, comme chez les romains on se servait des clepsidres perfectionnés ;

5° La fabrication des cages ou socles à horloges et boitiers à montres.

Cette dernière branche est un des monopoles de l'industrie parisienne.

En 1839, un horloger, dont le nom est digne de figurer parmi ceux que nous avons cités plus haut, Henri Wagner, de Paris, fit faire un grand pas à la grosse horlogerie. En cette année, il exposa deux horloges destinées, l'une à la cathédrale de Beauvais, l'autre à un monument public de Constantine (Alger). Malgré leur simplicité, elles étaient d'une grande précision ; soumises au chronomètre de Bréguet, elles ne varièrent que de quelques secondes en quatre jours.

Ce même horloger exposa de petites horloges, dites *comtoises*, dont il modifia heureusement le mécanisme pour leur adjoindre une sonnerie d'un calibre proportionné, en même temps que par une économie apportée dans la fabrication, il en réduisit le prix. Les habitants de nos campagnes ont pu, dès cet instant, mettre de côté l'antique Gnomon, dont l'usage parmi eux s'était conservé jusqu'à cette époque.

M. H. Wagner tenta aussi de simplifier la fabrication des ébauches ; mais si les essais coûteux qu'il fit ne furent pas couronnés d'un plein succès, on était autorisé à en attendre de bons résultats, et ils étaient d'autant plus méritoires, que le seul but qu'il se proposait était toujours l'économie au profit du consommateur.

A cette même Exposition, H. Lepaute soumet une horloge d'une complication et d'un mécanisme admirables, destinée à ses magasins de la rue Saint-Honoré ; ce n'était rien moins qu'un chef-d'œuvre qui laissait bien loin derrière lui les ingénieuses, mais fantaisistes horloges du moyen-âge,

Il est un petit accessoire indispensable à la mise en fonction des montres, c'est la clé. La première fut l'*œillet*, que tout le monde connaît, et dont on se sert encore. A l'époque où nous sommes, Bréguet avait déjà inventé la clé qui porte son nom, mais son prix était très élevé. M. Brisbart-Gobert, de Montmirail, en fabriqua une aussi commode du prix de 50 centimes.

Parmi les ébauches, ou *blancs-roulants*, ceux qui furent les plus dignes d'être admirés sont ceux qui sortaient de la maison Japy, de Beaucourt (Haut-Rhin), dont la fondation remonte à 1780. Cette manufacture de blancs-roulants est la première qui se soit installée en France. Plus tard d'autres fabriques s'établirent dans le même département et dans les départements voisins, et l'accroissement de cette industrie chez nous a été le point de départ des progrès de toute nature que nous avons faits en horlogerie, perfection des horloges et des montres, et réduction continue du prix de revient.

Les montres étaient au Palais de l'Industrie de 1839 en très petit nombre ; les mieux confectionnées provenaient des ateliers de M. Benoit, de Versailles MM. Huard frères, de la même ville, exposèrent des chronomètres d'une précision rigoureuse.

En 1844 et 1849, M. H. Wagner apporta encore à ces deux Expositions le fruit de nouvelles études ; il exposa de grosses horloges dont il a fait la spécialité la plus importante de sa maison, qui d'ailleurs est encore aujourd'hui, et à juste titre, une des premières.

L'horlogerie de luxe était, en 1849, représentée par MM. Garnier, Brocat, Délépine et Dussault, qui exposèrent ou des montres d'une marche très-régulière, ou des chronomètres résolvant le problème, toujours étudié, de l'indication exacte du temps.

En 1855, placés à côté de nos produits, les produits suisses, soit montres, soit blancs-roulants, soit cages, n'avaient plus d'autre mérite que de provenir de fabriques qui avaient, avant nous, joui d'une réputation que nous partageons maintenant ; et, en **1862**, nos horlogers ont envoyé en Angleterre des montres, des grosses horloges, des chronomètres, etc., etc., qu'on pouvait certainement considérer comme les résultats d'une fabrication modèle.

Comptant peu de rivaux dans cette branche, nous n'avons pas à appréhender une concurrence préjudiciable ; si nous avons encore des perfectionnements à faire subir à notre horlogerie, nous pouvons nous estimer comme à la tête de cette industrie, et, lorsque ces perfectionnements seront obtenus, nous ferons reconnaître notre supériorité. Telle est la perspective que doivent envisager nos ingénieux horlogers.

CHIMIE INDUSTRIELLE

—

L'application de la chimie à l'industrie a amené d'importantes améliorations dans la fabrication en général. Que de fois, venant simplifier, agrandir, assainir les modes divers d'un travail défectueux, répandant ses bienfaits multiples, cette science exacte ne vint-elle pas donner un nouvel essor à la fabrication première, en lui montrant ses errements, en éclairant sa route et en la dégageant de toute entrave. Aussi, intime est l'affinité qui existe entre la chimie et l'industrie.

Nous regrettons que le cadre restreint de notre ouvrage nous interdise de nous étendre trop longuement sur chaque corps en particulier ; nous donnerons seulement une idée générale des principaux corps qui ont agrandi le domaine de l'industrie manufacturière en augmentant ses ressources.

BOIS. — Les principaux agents employés pour la conservation des bois sont : le tannin, le goudron, les huiles, les suifs, les sels marins, les sulfates de fer, l'acétate de plomb, le bichlorure de mercure, le chlorure de zinc et le chlorure de calcium. Les bois sont injectés au moyen de l'appareil Bréant. Le carbure d'hydrogène est généralement préféré pour la conservation des traverses de chemins de fer ; on obtient ce produit du goudron de houille, par distillation. MM. Renard Perrin, ayant appliqué aux bois d'ébénisterie les teintures employées pour les étoffes, obtinrent une médaille d'argent à l'Exposition de 1849

12.

GOUDRON. — La distillation de la houille et des matières végétales donne des produits empyreumatiques que l'on connaît sous le nom de goudron ; il sert à fabriquer l'acide carbazotique ou picrique employé avec avantage pour la teinture de la soie et de la laine ; ce mode de teinture est économique, car un gramme d'acide cristallisé suffit pour donner une belle couleur à un kilogramme de soie

La distillation du goudron donne un grand nombre de substances. Parmi les plus employées on distingue la benzine, ayant la propriété de dissoudre les corps gras, et l'acide phénique, très-préconisé comme désinfectant, connu sous le nom de phénol. L'huile de goudron, combinée avec le caoutchouc et la gomme-laque, constitue la glue marine employée pour calfater les navires.

GAZ. — Dès 1667, des expériences de Boyle, de Shirley et de Hales firent connaître la combustibilité des gaz provenant de la houille et des bois. James Luwther, en 1733, après des expériences heureuses, indiqua la nature du gaz et sa propriété ; cependant l'éclairage au gaz est dû à Lebon qui, en 1776, inventa, sous le nom de thermolampe, un instrument propre au chauffage des ateliers et donnant, par la distillation du bois et de la houille, un gaz servant à l'éclairage ; cet ingénieur français établit la première usine près Birmingham et éclaira les grands ateliers de construction de machines de Watt et Bolton. Le comte de Chabrol fit construire, en 1812, un appareil pour éclairer au gaz l'hôpital Saint-Louis. En 1820, Pauwels établit une usine éclairant le quartier du Luxembourg ainsi que le palais, et fonda, sous le nom de Compagnie française, l'exploitation d'une autre usine plus importante. Peu de temps après, une Société anglaise se forma sous la direction de MM. Maubuy et Wilson, qui concoururent à l'éclairage de la ville de Paris.

Des usines fondées dans les principales villes de France

donnèrent lieu à divers systèmes de distillation. De nos jours, on emploie de longues cornues de fonte ou de terre réfractaire que l'on emplit de houille ; le gaz en sortant des cornues passe dans un tube ascendant nommé base montante, et de là dans un barillet ou cylindre contenant de l'eau maintenue à un niveau constant au moyen d'un dégorgeoir qui laisse écouler l'eau ammoniacale et le goudron ; le gaz arrive ensuite dans un tube en fonte appelé condenseur, lequel est rafraîchi par un filet d'eau.

L'épurateur est un récipient à fermeture hydraulique dans lequel on superpose des claies garnies de chaux ; le gaz traverse successivement ces cloisons et est recueilli (quelquefois après un lavage) dans un appareil improprement nommé gazomètre, dont le but est de donner au gaz une pression égale et constante

Le compteur, comme l'indique son nom, est un appareil mesurant la quantité de gaz obtenue ou dépensée. Le gaz donnait lieu à de fréquentes explosions causées par les fuites, M. Maccaud est parvenu à les éviter au moyen du cherche-fuite ; le compteur étant fermé, on refoule le gaz et l'air dans les tubes pour produire un sifflement, ou bruit aigu, qui indique le point de fuite cherché.

Les eaux du gaz sont employées pour la fabrication des sels ammoniacaux et de l'ammoniaque ; M. Maillet a fabriqué un appareil des plus complets, pouvant aussi servir à extraire l'ammoniaque des eaux vannes et des urines putréfiées.

GAZ PORTATIF. — La fabrication du gaz portatif a donné lieu, depuis 1818, à divers procédés qui se sont succédés jusqu'en 1854, sans pouvoir donner de résultats assez satisfaisants ; MM. Hurcourt et Hugon, plus heureux que leurs devanciers, sont parvenus, par la distillation des huiles de schistes et de goudrons, en employant douze corps de pompes mus par une machine de la force de

douze chevaux, reliés à volonté aux voitures de trans-
port, se chargeant sous une pression de quatre atmosphères,
sont parvenus, disons-nous, à vaincre les difficultés qui ar-
rêtaient les premiers inventeurs Le gaz portatif donne une
clarté triple ou quadruple du gaz provenant directement de
la houille.

DISTILLATION. — C'est à tort que l'on a attribué aux
Arabes l'invention de la distillation ; elle remonte à une
époque bien plus reculée. « Pline, dit Hœfer, l'auteur de
» l'histoire de la chimie, décrit ainsi un procédé distilla-
» toire, entièrement curieux, et qui prouve combien l'esprit
» humain est habile à faire varier les moyens pour arriver
» au même but : « On allume du feu sous un pot qui con-
» tient la résine ; une vapeur s'élève dans la laine qu'on
» étend sur l'ouverture du pot où l'on fait cuire la résine.
» L'opération terminée, on exprime la laine ainsi impré-
» gnée d'huile. »
L'illustre savant, Alexandre de Humboldt, signale, à ce
sujet, le passage où Alexandre d'Aphrodise dit : « On rend
» l'eau de mer potable en la vaporisant dans des vases
» placés sur le feu, et en recevant la vapeur condensée sur
» des couvercles. » Geber, qui vivait vers la fin du huitième
» siècle, parle ainsi de cette opération : « Il y a deux es-
» pèces de distillations : l'une s'opère à l'aide du feu, l'autre
» sans le feu. La première peut se faire de deux manières
» différentes, ou *per ascensum* des vapeurs dans l'alambic,
» ou *per descensum,* dans le but de séparer les huiles, ou
» d'autres matières liquides, par les parties inférieures du
» vase. Quant à la distillation sans l'aide du feu, elle con-
» siste à séparer les liquides limpides par le filtre ; c'est une
» simple filtration. La distillation par le feu peut être variée
» dans son intensité, suivant qu'on chauffe le vase dans un
» bain d'eau ou sur un bain de cendres. »
La distillation se fait à feu nu, au bain-marie, au bain de

sable et à la vapeur ; l'alambic simple est employé généralement dans les arts industriels ; mais quand il s'agit d'obtenir l'alcool, on se sert d'appareils plus perfectionnés ne donnant lieu à aucune perte de la matière distillée.

Les principaux perfectionnements apportés à l'appareil distillatoire, sont dus à Ed. Adam, à Cellier-Blamenthal, à Ed. Langier et à Dérosne. Grâce à ces appareils, la distillation se fait avec une grande économie, et on obtient, par de multiples rectifications, le degré alcoolique voulu qui se trouve indiqué par un alcoolomètre contenu dans l'appareil.

CAOUTCHOUC. — L'Asie, l'Afrique et l'Amérique concourent à livrer au commerce le caoutchouc, le ficus-élastica, dont il existe plusieurs variétés. La meilleure espèce est désignée sous le nom de Para, du nom d'une province du Brésil, où cette substance est fort appréciée.

Le mode d'extraction est des plus simples : on incise les arbres qui le produisent, et on recueille le suc laiteux dans des vases. A l'Exposition de 1855, M. Anthoine, représentant la Californie, en exposa des feuilles obtenus d'après un nouveau mode d'extraction. Les premiers échantillons venus de Carthagène, furent importés, vers la fin du siècle dernier, en Angleterre, sous le nom d'*India-rubber*.

Depuis 1790, le caoutchouc subit progressivement différents modes de préparation qui le rendirent d'une grande utilité. En 1830, MM. Rattier et Guibal améliorèrent les procédés de préparation du caoutchouc

M. Parkes, en 1846, inventa la volcanisation du caoutchouc ; les arts, la chirurgie, l'économie domestique bénéficièrent de ce perfectionnement.

Le caoutchouc entre dans la composition de l'huile à graisser les machines ; on fait aussi un mastic composé de chaux et de caoutchouc, qui est employé pour le bouchage hermétique.

De nos jours, le caoutchouc est des plus répandus dans l'industrie et dans le commerce.

GUTTA-PERCHA. — La Société d'encouragement des Arts de Londres, décerna, en 1843, une médaille d'or au docteur Montgomerie, de Singapour, pour l'introduction de la gutta-percha en Europe. Depuis des siècles, les naturels du pays s'en servaient pour confectionner les vases dont ils font usage.

La volcanisation de la gutta percha unie au caoutchouc, n'a pas encore donné de résultats assez satisfaisants pour être d'un usage industriel très répandu. Cependant on l'emploie pour envelopper les fils de cuivre des télégraphes ordinaires et des câbles sous-marins.

ACIDES. — L'acide ascétique, que l'on extrait des matières organiques provenant des plantes et des animaux, se trouve aussi dans la sève des végétaux. On l'emploie pour augmenter la force des vinaigres et dans la fabrication de la céruse ; il peut servir à former les acétates de cuivre, de plomb, de zinc, etc.

L'acide azotique fut découvert en 1225, par Raymond de Lulle, en distillant une mixture faite d'azotate de potasse et d'argile ; Cavendish, le premier, constata les principes constituants de cet acide, qui sert à former l'acide sulfurique, à préparer l'eau régale, les azotates d'argent, de mercure et de cuivre, que l'on emploie pour obtenir le pyroxyle ou coton-poudre.

En 1702, Homberg découvrit l'acide borique. Gay-Lussac, Thénard et Davy, à Londres, reconnurent la composition de cet acide dont le principal emploi est dans la fabrication du borax de soude, très employé en médecine, et le borate d'ammoniaque, qui a la propriété de rendre les tissus incombustibles; le borax est employé à la fabrication de la porcelaine opaque.

La chaux, se rencontrant dans la nature combiné avec d'autres corps, donne lieu à de nombreux moyens d'exploitation.

Les chaux grasses ont la propriété d'absorber l'eau rapidement, elles servent au blanchissage des chiffons destinés aux papeteries et au blanchissage du lin et de la filasse; elles sont employées pour épurer le gaz, et assainir les fosses; on s'en sert pour extraire, de divers acides végétaux, des sels qui, traités par l'acide sulfurique, produisent les acides acétiques, citriques, tartriques; on l'emploie pour épurer le camphre, raffiner le sucre, épiler les peaux, rectifier l'alcool et fabriquer les acides gras.

Elle entre dans la composition du badigeon qui sert à peindre les murailles; on en prépare des mortiers et bétons pour la construction.

M. Vicat a obtenu le grand prix de la Société d'encouragement pour ses utiles découvertes sur l'emploi des chaux hydrauliques, et une autre récompense pour ses mortiers résistant à la mer. Le sulfate de chaux, connu sous le nom de plâtre, est tiré en grande quantité des environs de Paris.

La céruse, ou carbonate de plomb, se trouve en Écosse, en Bohême et dans le midi de la France. La préparation de la céruse était connue des Grecs et des Romains; elle est employée dans les arts; les fabricants la préparent broyée et mêlée à l'huile, afin d'éviter les accidents vénéneux qui peuvent résulter si on en respire la poudre.

Le blanc de zinc remplace avantageusement la céruse; en 1780, Côurtois, préparateur au labortaoire de l'Académie de Dijon, avait proposé de le substituer au carbonate de plomb; peu après Guyton-Morveau indiqua les avantages de ce nouveau mode de peinture. Alkinson, de Liverpool, essaya, en 1796, d'exploiter cette industrie qui fut entravée en Angleterre et en France. En 1849, M. Leclaire, entrepreneur de peinture, fonda cette industrie qui prit un rapide développement et qui est maintenant complétement adoptée.

Parmi les chimistes et les fabricants de produits chimiques qui exposérent des produits remarquables à nos divers concours, nous devons citer M. Gaultier de Claubry qui présenta des sels de Cobalt ; M. Ménier qui excelle dans la fabrication de tous les produits employés en chimie et en pharmacie ; M. Rousseau de Paris, M. Leroux de Vitry, M. Cournery, à Cherbourg, et la maison Boiveau et Pelletier qui se recommande surtout par ses iodures de mercure, par ses chlorures de chrôme et par son azote d'urane.

Propager l'étude de la chimie industrielle, en la vulgarisant, serait d'une utilité première, car il faut que chaque fabricant soit chimiste en sa partie pour être apte à exceller en son art. Nos savants ont beaucoup fait pour l'industrie, ils lui rendront un service signalé le jour où ils la doteront d'une œuvre complète et pratique qui sera pour le manufacturier, l'agriculteur, le fabricant un guide usuel relatant les rapports pratiques entre l'industrie et la science, indiquant les tentatives à faire pour obtenir des perfectionnements certains, enseignant, en un mot, l'industrie par la science.

MÉTALLURGIE INDUSTRIELLE.

—

HOUILLES. — Avant de traiter des métaux, il convient de parler des masses stranifiées, des matières combustibles qui, vu leur rôle qui est considérable, auraient toujours dû figurer parmi les produits que renferment nos Expositions. Les Belges, présentant de nombreux échantillons de houille à leur Exposition de 1847, démontrèrent qu'ils savaient reconnaître toute l'importance de cette matière de première nécessité.

Ce combustible minéral, la houille, se divise en trois groupes : les *antracites*, les *houilles* proprement dites et les *lignites*. Les antracites, contenant un excès de carbone, sont d'une combustion difficile ; la houille, propre aux opérations métallurgiques, alimente nos machines à vapeur et sert à la fabrication du gaz d'éclairage et à la préparation du coke ; les lignites, renfermant moins de carbone et plus d'oxygène que les antracites, leur sont préférées, bien qu'elles produisent beaucoup plus de cendres ; ces cendres sont employées en agriculture comme engrais.

La recherche des minerais et l'extraction des métaux demandent des connaissances en géologie, en minéralogie, en mécanique et en chimie.

Les mines s'exploitent de deux façons : à ciel ouvert et en souterrain.

A ciel ouvert, on fait généralement l'extraction des minerais d'alluvion ; le gypse, les calcaires, les granits, les marbres ; les chistes ardoisiers et autres minerais en amas s'extraient de cette façon.

L'exploitation souterraine demande de grands travaux pour établir les chambres et les galeries qui servent aux premières recherches, chambres et galeries que l'on doit multiplier selon l'importance des minerais. Les voies nécessaires à l'*abattage* et au *roulage* étant préparées, on s'occupe de l'aérage et de l'assèchement.

Les principaux procédés métallurgiques sont : le *triage*, le *cassage* ou *bocardage*, le *lavage*, le *grillage*, la *fonte*, l'*affinage*.

La France possède environ soixante-dix bassins houilliers qui ne peuvent suffire à sa consommation, aussi a-t-on recours à l'importation pour combler leur insuffisance.

FER ET ACIER. — Les métaux essentiellement utiles, tels que le fer et le cuivre, aident à la civilisation bien plus que l'or et l'argent ; la valeur de ceux-ci n'est que conventionnelle en raison de leur rareté, tandis que les autres par cela même qu'ils sont moins rares, rendent des services bien plus appréciables.

Le plus utile, le plus souple et le plus travaillé de tous les métaux, le fer, est devenu une des principales bases de notre richesse industrielle ; plus reconnaissants envers la nature, les anciens l'eussent placé au nombre de leurs dieux ; moins enthousiastes, mais plus logiques, contentons-nous de démontrer que par sa prépondérance il a concouru à amener l'âge d'or de l'industrie. Partout est ce métal ; dans notre économie, où il joue un rôle important, dans notre industrie, où par sa combinaison avec les métalloïdes et les métaux, où par sa docilité, sa résistance, il se prête si facilement à toutes les exigences et vient seconder nos inventions nombreuses. Son emploi est tellement fréquent que l'on peut dire que les progrès de la sidérurgie sont essentiellement liés au développement de notre civilisation.

On distingue diverses espèces de fer :

Le *fer à grains*, le *fer nerveux*, le *fer fort* et le *fer souverain*.

Par l'alliage, on obient le *fer blanc*, le *fer zingué*, le *fer plombé*, etc.

Ce ne fut que vers le quinzième siècle, que l'on parvint à rendre le fer ductile à froid ; le fil de fer dit *fil d'archal* s'obtient au moyen de la filière.

Richard Archal passe pour en être l'inventeur ; il en est qui attribuent cette découverte à Rodolphe, Allemand, qui vivait au commencement du dix-neuvième siècle.

La tréfilerie, s'appliquant aux métaux ductiles, a pour but d'obtenir des fils d'une certaine finesse en faisant passer une tige métallique dans une filière.

Pour faire cette opération, il faut amincir la tige de métal de façon que son extrémité soit de la dimension du trou de la filière qui doit lui donner le calibre ; le fil sort tiré par des tenailles mues par un mécanisme particulier. Les procédés varient d'ailleurs selon le métal que l'on traite.

On nomme *acier* le fer contenant une certaine quantité de carbone et une faible quantité de silicium. La connaissance de la préparation des aciers est due aux Orientaux. Vers le dixième siècle, on fabriquait des armes blanches avec l'acier, mais ce ne fut qu'au douzième siècle qu'on l'employa pour la fabrication des épées. Maintenant, l'acier est employé dans la fabrication des armes, des outils, des machines de toutes espèces, dans la coutellerie, dont nous croyons utile de parler.

La coutellerie se divise en six branches bien distinctes, savoir : la coutellerie de cuisine, de table, la coutellerie fermante, la cisellerie, les rasoirs, et les outils employés en chirurgie.

Cette industrie est exercée en France, principalement à Nogent, à Thiers, à Saint-Etienne, à Langres, à Châtellerault ; en Prusse, à Sollinger ; en Angleterre, à Birmingham et à Scheffield.

Les produits allemands et anglais sont, à juste titre, très renommés ; les Anglais ont surtout des aciers trempés d'une solidité à toute épreuve.

Par une série d'opérations, telles que le *forgeage*, qu'on pratique manuellement, et mécaniquement pour les pièces de grandes dimensions, à l'aide d'un outil mécanique dû à l'inventeur Smith, mécanicien anglais, la *trempe*, l'*émoulage*, l'*affilage*, le *polissage* et le *montage*, on est parvenu, dans nos principales manufactures, à fabriquer de très beaux et de très solides couteaux dont le prix est étonnant de modicité. C'est surtout dans la coutellerie fermante et dans les instruments de chirurgie que l'habileté de nos couteliers se démontre le plus ; dans la première catégorie, outre la bonne qualité des lames, ils montent à peu de frais des couteaux à plusieurs lames, très commodes, dont les manches sont toujours ornés avec goût ; dans la seconde, bien autrement importante, c'est dans la finesse de l'acier et dans la bonne exécution de l'opération de la trempe qu'ils ont obtenu un degré de perfection qui ne peut grandir qu'insensiblement, l'apogée étant à peu près atteint.

Parmi les fabricants qui ont le plus contribué au perfectionnement de cette industrie, nous devons citer M. Charrière, dont les instruments sont très recherchés ; nos plus habiles chirurgiens en font tous usage.

Le fer forgé, l'acier, la fonte, le cuivre, sont employés dans la fabrication si variée des armes blanches et des armes à feu.

Les canons de fusils sont ordinairement en fer forgé ; les armuriers de Paris et de Saint-Etienne excellent dans la fabrication des armes de chasse et de tir.

Les armes blanches sont fabriquées dans les manufactures de Châtellerault, Saint-Etienne, Klingenthal (Bas-Rhin), et les montures et les garnitures se font à Paris. Saint-Etienne, Maubeuge, Tulle, Châtellerault sont de grands centres de fabrication d'armes de guerre.

Le fer et l'acier jouent encore le principal rôle dans un des arts mécaniques les plus utiles et les plus répandus, la serrurerie ; sous ce titre général, on dénomme : la serrurerie en bâtiment, on entend la fabrication et la pose des serrures, des gonds, des verrous, des grilles, des espagnolettes, etc.; la serrurerie en voitures, qui comprend la fabrication et l'ajustement des ressorts, des cols-de-cygnes, la ferrure des roues et des trains, etc ; la serrurerie mécanique ou fabrication des pièces de mécaniques et le montage de toutes espèces de machines ; et enfin, la serrurerie de précision qui est la fabrication de tous les ouvrages de fer ou d'acier d'un travail compliqué ; serrures de sûreté, serrures à secret, serrures de luxe, etc.

La fabrication des serrures de sûreté remonte à la plus haute antiquité ; plus de dix siècles avant notre ère , les Egyptiens se servaient de serrures à combinaisons encore en usage dans le Levant ; l'Anglais Baron, en **1744**, les appliqua, pour la première fois, en Europe. La serrure de Bramah, célèbre mécanicien anglais du dix-huitième siècle, servit de type à la plupart de celles qu'on a inventées depuis cette époque.

En 1834, la serrurerie Robin envoya à l'Exposition une serrure de coffre-fort sans clé, dont le système est basé sur un certain nombre de viroles mobiles, au moyen desquelles on peut faire jusqu'à 800 combinaisons ; cette serrure déjoua toutes les tentatives qu'on fit pour l'ouvrir, malgré sa grande simplicité.

CUIVRE. — Le cuivre passe pour être le métal le plus anciennement employé. Vulcain, dit Homère, employait le cuivre pour forger les armes des dieux et des héros.

L'île de Chypre, qui a donné son nom à ce métal, renfermait de nombreuses mines dont l'exploitation date d'une époque très éloignée.

Ce métal sert à la fabrication d'une innombrable quantité

d'objets de toutes formes ; allié à l'étain ou au zinc, il forme le *laiton* ou cuivre jaune, propre au moulage et se travaillant facilement au tour.

Ce métal entre notamment dans la composition des instruments de musique, de physique, de chimie, d'optique ; on en fait des balances et différents objets de luxe et d'ornementation.

PLOMB. — Le plomb était connu des anciens, qui distinguaient, le plomb gris (bismuth), le blanc (étain) et le noir, qui est pour ainsi dire le plomb proprement dit. Les mines de plomb que nous avons en France sont d'un rendement peu abondant et satisfont à peine aux besoins de notre consommation. On l'emploie pour la soudure, pour couvrir les édifices ; on en fait des conduits aux tuyaux servant à de nombreux usages.

ZINC. — Le zinc est un corps très occidable à l'air humide ; ce métal, chimiquement pur, est d'un blanc bleuâtre très brillant. Celui que l'on emploie contient ordinairement du fer, du plomb et de l'arsenic ; laminé, il sert aussi à la couverture des habitations, à la confection des réservoirs, des baignoires, des tuyaux des descentes d'eau, etc.

L'oxyde de zinc entre dans la composition de blanc de zinc pour remplacer la céruse à base de plomb dont l'action était si funeste aux peintres en bâtiments qui emploient des couleurs dans la composition desquelles la céruse entre en forte dose.

OR ET ARGENT. — L'or et l'argent sont les métaux les plus ductiles ; ils se combinent avec les métalloïdes et les métaux. Bien que les minerais soient assez communs, beaucoup contiennent trop peu de matière précieuse pour que l'extraction puisse être faite avec profit.

La suprématie de l'industrie française dans l'emploi de ces matières, si on consulte les produits qui ont paru aux Expositions successives, est hors de doute ; les artistes du seizième siècle ont trouvé des émules, d'habiles imitateurs, car on ne peut appeler simplement ouvriers ceux qui ont perfectionné cet art si complet de l'orfévrerie et de la bijouterie.

PLATINE. — Le platine fut découvert par les Espagnols vers le milieu du dix-huitième siècle, en Colombie. Le suédois Schæffer est le premier qui reconnut les précieuses qualités de ce métal incorruptible et qui fit connaître la série d'opérations nécessaires pour l'extraire des substances diverses, avec lesquelles il se trouve, à l'état de minerai. Le platine se combine aussi avec un très grand nombre de métalloïdes et de métaux : on l'emploie à faire des mortiers, divers récipiens employés dans les laboratoires, des objets de bijouterie ; et les corps étrangers qu'ils renferment ordinairement augmentent sa dureté sans altérer ses propriétés.

ALUMINIUM. — L'aluminium est un corps simple, métallique, aussi blanc que l'argent et beaucoup plus léger que les autres métaux. Il y a peu de temps que la fabrication de l'aluminium a été fondée en France.

Wohler, en 1827, découvrit ce métal ; et après de longs travaux, M. H. Sainte-Claire parvint, en 1854, à trouver le procédé à suivre pour obtenir ce produit de l'alun.

L'aluminium peut remplacer avantageusement, dans un très grand nombre de cas, le fer, le cuivre, le zinc, et rendrait des services incalculables si on pouvait l'obtenir avec économie et en grande quantité.

D'un usage encore restreint, il ne sert que pour confectionner des objets de luxe et d'art, et entre en partie dans la fabrication de quelques instruments de chirurgie.

La chimie a découvert dans la nature quarante-sept métaux; elle a prouvé leur existence, mais peu sont utilisés. Cette lacune ne semble-t-elle pas indiquer la route à suivre pour agrandir le domaine de la science et de l'industrie; car ne savoir profiter des bienfaits dont le Créateur nous a comblés, n'est-ce pas constater notre ignorance grande en beaucoup de points?

Soyons convaincus que la nature ne nous a fait aucun don superflu.

MACHINES A VAPEUR

ET

Machines-Outils

—

On a poussé l'exagération jusqu'à attribuer aux anciens l'invention de la vapeur. Héron, d'Alexandrie, décrit, environ cent vingt ans avant notre ère, l'éolipyle à réaction, qui n'était que le perfectionnement de l'éolipyle, simple jouet d'enfant consistant en une boule métallique qui, remplie d'eau et mise au feu, produisait un bruit aigu en laissant échapper la vapeur par un tube à embouchure très-étroite.

La boule décrite par Héron avait deux tubes, et la vapeur, en sortant bruyamment par ces deux issues, imprimait à cet appareil, qui n'était d'aucune utilité, un mouvement de rotation assez rapide.

Faire de la vapeur un jouet aussi primitif, c'était en tirer un maigre parti. Le premier qui semble avoir compris sa force est Léonard de Vinci, qui étudia assez longtemps le moyen de lancer des boulets par la vapeur comprimée ; mais il abandonna son projet, et si nous n'avions ses chefs-d'œuvre de peinture pour atténuer nos regrets, il serait à regretter que, faute de persévérance, il n'ait pu fournir à ses contemporains un si utile auxiliaire.

Au commencement du dix-septième siècle, J.-B. Porta décrivit, dans un ouvrage sur la pneumatique, un appareil démontrant l'élasticité de l'eau, idée que Salomon de Caux commente également dans l'un de ses écrits.

Quoi qu'en disent les Anglais, qui attribuent l'invention de la vapeur au marquis de Worcester parce qu'il a décrit un appareil qui n'était autre que celui de Porta ou de de Caux, la plus importante découverte est sans contredit celle du piston par Papin, qui, vers la fin du dix-septième siècle, adapta à un appareil qu'il avait combiné une soupape de sûreté, organe essentiel des machines à vapeur actuelles.

Papin avait une connaissance tellement approfondie de la cause physique de la force de son appareil, qu'il savait déjà en apprécier les fruits et en prévoir les applications : « Il » serait trop long, dit-il, de rapporter ici de quelle manière » cette invention se pourrait appliquer à tirer l'eau des mi- » nes, jeter des bombes et plusieurs autres usages de cette » nature ; mais il faut que chacun, suivant les besoins qu'il » en aura, imagine les constructions les plus propres pour » ses desseins. Je ne puis m'empêcher de remarquer ici, » en passant, combien cette force serait préférable à celle » des galériens pour aller vite en mer. »

Il n'est plus douteux que Papin, pour avoir si justement défini sa découverte, soit l'inventeur de la vapeur, ce moteur universel appelé à suppléer tous les autres,

S'inspirant des données contenues dans les quelques lignes que nous venons de citer, l'Anglais Th. Savary construisit une machine destinée à l'élévation de l'eau ; ce fut la première machine à vapeur utile. Cet appareil fut perfectionné par trois hommes industrieux : Newcomenn, R. Hooke et Cawley. La machine Savary fut appelée *atmosphérique,* son jeu reposant sur la pression de l'air.

Les machines dont il est fait usage aujourd'hui, soit à vapeur, soit hydrauliques, soit autres, ne sont que le rapprochement de plusieurs idées lumineuses dues au travail d'hommes intelligents ; après ceux-là sont venus de non moins intelligents mécaniciens, industriels ou même simples artisans, qui ont réuni ces idées, en ont formé un tout complet. C'est ainsi, par exemple, que Jacquard, nous l'avons déjà dit lorsque nous avons décrit l'industrie du tissage, a composé un métier à tisser qui porte son nom ; il en a été de même pour les machines à vapeur.

Ainsi, certains appareils mus par la vapeur sont munis de robinets parmi lesquels il en est deux qu'il faut, en temps opportun, ouvrir l'un après l'autre. Autrefois, que l'appareil fonctionnât ou non, ce soin était confié à des enfants. Un jour, dans une fabrique, un jeune espiègle, Humprey-Pother, voulant prendre part aux jeux de ses camarades, eut l'idée ingénieuse d'attacher des ficelles aux clés des deux robinets qu'il était chargé de faire fonctionner ; de sorte que lorsque l'un de ces robinets s'ouvrait, les ficelles se tendant, l'autre se fermait, et *vice versâ*. Apprenant d'un enfant la solution d'un problème jusque-là hérissé de difficultés, le savant ingénieur Bergton perfectionna l'idée du jeune Humprey, et, depuis, le jeu des deux robinets a lieu sans aucun secours.

Jusqu'à présent nous ne voyons encore qu'une application bien restreinte de la vapeur aux besoins de l'industrie. Le progrès de cette invention était lent. Mais tout à coup surgit un homme d'un génie supérieur, qui, par ses essais couronnés de succès, vint donner raison aux prévisions de Papin.

L'immortel Watt, parmi les appareils qu'il imagina, construisit la machine à double effet, à laquelle le mouvement était transmis par un arbre mu par une machine à vapeur.

Depuis cet ingénieur, dont le nom est à jamais accolé à celui du docteur Papin, le mécanisme des machines à vapeur et des appareils spéciaux a été considérablement modifié, et il en est, parmi ces modifications auxquelles nous devons ces machines qui semblent être l'apogée de la mécanique, qui peuvent être considérées comme de véritables inventions nouvelles.

Ne voulant pas faire ici l'histoire minutieusement complète de la vapeur et de la mécanique, nous ne suivrons point pas à pas la marche du progrès de cette découverte ; il nous faudrait citer les noms de tous les hommes qui ont contribué à ce progrès. Il nous faudrait décrire leurs inventions ; parler, par exemple, du cylindre de Hornblower, du double cylindre de Wolf, de la machine sans balancier qu'inventa un anglais dont le nom ne nous a pas été conservé ; des machines à vapeur combinées dues au capitaine du Tremblay, et enfin des machines à air chaud dont l'emploi est encore aujourd'hui peu fréquent, en raison des défectuosités qu'elles présentent encore, malgré les essais du suédois Erikson et de notre compatriote Franchot.

Nous allons maintenant parler des plus belles, des plus utiles applications qu'on ait faites de la vapeur : la *navigation*, la *traction* et la *transmission* de mouvement

Papin, Worcester, Watt et autres hommes de génie avaient étudié longtemps le problème de la navigation à la vapeur, mais sans résultat sérieux, lorsque, vers les premières années de notre siècle, l'américain Robert Fulton, qui résidait à Paris, après avoir consacré ses études à des machines d'une utilité secondaire, se lia intimement avec Levingston, plénipotentiaire anglais, qui, dans son pays, avait fait en navigation-à-la-vapeur des tentatives demeurées infructueuses. En s'entr'aidant de leurs travaux et de leur expérience, ces deux hommes de génie construisirent à grands frais plusieurs bateaux à vapeur. Les premiers essais auraient dû les décourager, tant les difficultés qu'ils voulaient vaincre paraissaient résister à tous leurs calculs. Enfin, en 1803, une expérience venant récompenser ces laborieux inventeurs, ils allaient recevoir peut-être le prix de leurs utiles travaux, lorsque de grandes guères éclatèrent tout à coup, et Fulton déçu, mais restant convaincu de la valeur de sa découverte, retourna dans son pays, où il construisit un navire à vapeur, le *Claremont*, qui répondit à toutes ses prévisions. Alors bientôt d'autres navires semblables furent construits. Ce nouveau genre de navigation fut généralement adopté en Amérique, contrée qui est aujourd'hui justement récompensée d'avoir accordé sa protection à Fulton, car elle compte dans sa marine les meilleurs navires à vapeur.

Après les Américains, les Anglais firent construire à leur tour des bateaux à vapeur, et ce ne fut qu'en **1815** qu'on s'occupa en France de ce système de navigation, si en rapport avec les besoins actuels ; et pour avoir été les derniers à profiter de cette importante découverte, qui a immortalisé son inventeur, nos progrès ne sont pas en arrière de ceux qu'on a faits en d'autres pays.

Ce serait donc à tort qu'on attribuerait au capitaine espagnol Blasco de Garay l'application de la vapeur à la navigation. On a dit, mais on a prouvé plus tard que le fait était controuvé, que ce capitaine, qui vivait au seizième siècle sous Charles-Quint, avait construit un bateau « *allant sans » rames et sans voiles par les temps les plus calmes* » et que l'expérience aurait complétement réussi. Cette dernière assertion démontre à elle seule l'invraisemblance de cette origine, car si le succès avait été aussi complet, aurait-on abandonné cette découverte pour ne la réétudier que trois cents ans après ?

Bien avant l'établissement des chemins de fer, la traction par la vapeur avait été sentie. En 1759, le docteur anglais Robisson conçut l'idée de supprimer les chevaux et les autres bêtes de trait en décrivant des véhicules mus par la vapeur. Mais le projet resta à l'état de théorie, et le docteur Robisson ne fit jamais construire de véhicule mécanique.

Dix ans plus tard, Cugnot, ingénieur français, construisit un fardier à vapeur qui fut essayé à Paris, mais l'expérience ne réussit point. A Philadelphie, en 1804, l'américain O. Ewens réussit à faire marcher sur le sol uni une voiture à vapeur. Vers le même temps, Vivian et Treswethick essayèrent une machine de leur invention sur une voie ferrée établie dans des houillères dont ils avaient la direction. Le succès fut incomplet ; les roues du véhicule n'adhérant pas aux rails, le projet fut abandonné.

Ce ne fut qu'en **1813** que Blackett démontra le moyen d'obvier à ces inconvénients, et Marc Séguin, mettant à profit la leçon, perfectionna une chaudière qui fonctionna heureusement sur la voie du chemin de fer de Saint-Etienne à Lyon. Enfin, en 1830, Stephenson, secondé par son fils, confectionna la première locomotive la plus appropriée à sa destination. Ce fut le chemin de fer de Liverpool à Manchester qui usa le premier des avantages de la solution de ce problème.

Les derniers perfectionnements apportés aux machines à vapeur les plus utiles ne remonte pas, comme on le voit, loin de notre époque ; il n'y a pas quarante ans que nous jouissons des bénéfices de la grande découverte de Papin et de Watt.

Autre application de la vapeur, qui a apporté dans presque toutes les branches de l'industrie une économie inappréciable, c'est la transmission de mouvement.

Sous forme de locomobile, ou des machines fixes, ce roi des moteurs meut des quantités incroyables de machines-outils de toutes espèces ; c'est ainsi que nos industriels, diminuant la main-d'œuvre, diminuèrent le prix de revient de leurs produits, et les livrent à la consommation à des prix très réduits.

C'est aux Américains du Nord qu'on est redevable de l'invention de la locomobile dont ils se servent, surtout dans l'agriculture, pour suppléer au travail des hommes. Après les Américains, les Anglais en montrèrent dans leurs principales manufactures, et nous, nous en fîmes usage bientôt après.

On ne tarda pas reconnaître les services rendus par ces petites machines mobiles dont le secours est devenu indispensable, de même qu'on s'empressa d'installer dans tous les grands ateliers de constructeurs et autres ces puissantes machines fixes avec lesquelles aucune force physique ne saurait rivaliser.

Les machines à vapeur qui furent exposées en 1839 étaient nombreuses, et représentaient plusieurs genres : les machines à cylindre fixe, à cylindre oscillant, à rotation immédiate, à simple effet, les locomotives et les appareils à vapeur, pour la navigation et pour la fabrication du sucre. Les constructeurs qui se distinguèrent le plus furent M. Saulnier aîné, M. Bourdon, M. Faivre, M. Stehelin et Hubert, MM. Derosne et Cail, et MM. Schneider frères, directeurs aux immenses ateliers du Creusot; ces derniers exposèrent des locomotives d'une construction hors ligne.

Parmi les meilleures innovations, étaient la soupape de sûreté de M. Chaussenot, qui en avait changé heureusement la disposition, et son flotteur destiné à indiquer au chauffeur le niveau de l'eau dans la chaudière, ce qui permettait de conjurer le danger provenant d'un trop grand abaissement du niveau.

Les progrès sensibles que les mécaniciens, et notamment les constructeurs, faisaient d'une manière si rapide, étaient dus à ces autres machines-outils qui reçoivent le mouvement des machines à vapeur. Il y avait à peine dix ans que ces outils mécaniques, d'un effet si puisssnt et si régulier, étaient admis dans les ateliers; le nombre s'en est accru petit à petit, et, en 1844, on put voir à l'Exposition des machines à fondre les métaux, à tailler des écrous, à percer, à aléser, de M. Decoster; les machines à rabattre les métaux, des tours, des machines à tailler les engrenages, à mortaiser, de M. Pihet; les tours à roues et les tours à grands diamètres, les tours à fileter les vis, les machines à planer, à percer la tôle de M. Calla.

Chacun connaît la régularité merveilleuse de ces automates surprenants; chacun, en visitant le moindre atelier, car aujourd'hui il y en a partout, a pu s'extasier, se laisser aller à une sincère admiration devant ces outils, dont l'action inexplicable, à première vue, produit des travaux, des chefs-d'œuvre de précision que l'homme est impuissant à imiter. Eh bien ! est-il étonnant qu'avec l'aide d'auxiliaires si utiles, on ait pu confectionner, monter avec tant d'art toutes ces machines à vapeur, ces machines hydrauliques, ces autres outils mécaniques.

En 1855, mais surtout en 1862, nous avons montré à nos premiers rivaux, aux Anglais, qui ont fait usage avant nous de ces outils, qui sont le dernier mot de la perfection, que nous ne nous bornons en aucun cas à profiter des inventions étrangères, mais que, au contraire, nous ne copions que pour perfectionner et inventer même, car à ces deux grands concours universels, à côté des locomotives et des machines à vapeur de toutes sortes, dont l'agencement était d'une précision rigoureuse, et construites par MM. Cail, Houel, Gouin et Polonceau, nos mécaniciens ont exposé des machines à différents usages, soit celles que nous avons nommées et qu'on avait modifiées, soit de nouvelles inventions venant promettre aux habiles constructeurs qui nous représentaient, de les aider à produire plus tard des machines dont la perfection ne saurait être dépassée.

Tel, d'ailleurs, a été le résultat obtenu, et les efforts ne doivent plus avoir d'autre but que de rendre impossible une marche rétrograde.

FIN

TABLE DES MATIÈRES

PREMIÈRE PARTIE

DEUXIÈME PARTIE

HISTOIRE ABRÉGÉE DE L'INDUSTRIE.

FIN DE LA TABLE.

PARIS. — ÉDOUARD VERT, IMPRIMEUR,

29, rue Notre-Dame-de-Nazareth.